# CANNIBALIZATION

# カニバリゼーション

企業の運命を決める
「事業の共食い」への
9つの対処法

早稲田大学ビジネススクール教授
山田英夫

ダイヤモンド社

# はじめに

伝統のある日本の大企業の中から、「わが社のビジネスモデルを見直せ」「儲かる事業構造を再構築せよ」という号令が聞こえてくる。既存事業が同質的な競争の末に価格競争に陥り、いくら努力を重ねても儲からなくなってきたからである。

しかし、スタートアップ企業が新しいビジネスモデルを構築することに比べて、既存のビジネスを持つ企業が新しいビジネスモデルを生み出すことは数段難しい。それは、既存ビジネスと新しいビジネスの間に、カニバリゼーション（共食い）が起きるおそれがあるからだ。

本書の目的は、既存のビジネスモデルで成功してきた大企業が、新たなビジネスモデルを開始するときに発生するカニバリゼーションの実態を明らかにし、カニバリゼーションをどのようにマネジメントしていけばよいかを提言することにある。

新たなビジネスモデルの導入に関しては、既存のビジネスモデルから新しいビジネスモデルに「置換」するパターン、新旧のビジネスモデルを「併存」させるパターン、新旧のビジネスモデルが相互に補完しあう「共生」のパターンの3つに分け、日本企業の事例を分析していく。

最後に、今後も増えてくるであろうビジネスモデルのカニバリゼーションに、どう対処していけばよいのかを提言する。

製品のカニバリゼーションに関しては、これまでにもマーケティング分野で論じられてきたが、本書でフォーカスしたビジネスモデルのカニバリゼーションに関しては、研究の蓄積もいまだ少なく、書籍としては初めての試みと言える。

本書を手掛かりとして、見えないものへの不安を含むカニバリゼーションの問題に正しく向き合い、持続的な成長のために、それを乗り越えて行っていただければ幸いである。

2023年5月

山田英夫

# カニバリゼーション

企業の運命を決める「事業の共食い」への9つの対処法

目次

序章

# カニバリゼーションはなぜ問題となるのか

第1章

# カニバリゼーションはどう捉えられてきたか

# 第4章

# ビジネスモデルのカニバリゼーションへの9つの対処法

# 序章

# カニバリゼーションはなぜ問題となるのか

# 日本企業に見るカニバリゼーション

パナソニックの事例を中心に、日本の大企業のカニバリゼーションの動向を振り返ってみよう。

## 従来のカニバリゼーション

伝統的な日本の大企業では、これまで、

①製品間のカニバリゼーション
②ブランド間のカニバリゼーション

③チャネル間のカニバリゼーション

に悩んできた。

①の製品間のカニバリゼーションでは、複数の組織の境界線上にあるような製品が出てきたときに、どちらの組織が担当するかの問題が起きていた。

古典的な例としてラジカセ（ラジオ付きカセットレコーダー）の場合、パナソニックでは、ラジオ事業部とオーディオ事業部の両方が発売したいと言い出し、当時のトップ・マネジメントの判断により、両方の事業部から発売し、市場で勝ち残ったほうが事業を続けることになった。

ラジカセを知らない読者にとっては、次のプライベート・ビエラの例がわかりやすいかもしれない。

## プライベート・ビエラ

パナソニック社内にカニバリゼーションへの懸念はあったが、それを乗り越えて成功した例として、「プライベート・ビエラ」が挙げられる。プライベート・ビエラは画面サイズが10〜19型と小型のポータブルテレビで、チューナー部とモニター部が分かれており、チューナーからテレビ（モニター）に電波を飛ばして視聴する。そのため、好きな場所に持ち込んでテレビを観ることができる。防水モデルなら浴室でもテレビを楽しめる。

消費者から見れば「小さなテレビ」であるが、テレビ事業部はこの製品を、自ら手掛けようとはしなかった。テレビ事業部では当時、大画面化に注力しており、画面サイズと売価は概ね比例していた。そのため、仮にニーズがあったとしても、テレビ事業部にとっては、売価が極端に下がる小型テレビには触手が伸びなかったのかもしれない。

プライベート・ビエラを開発したのは、ブルーレイ・レコーダー「ディーガ」を手掛けるオーディオ・ビデオ事業部であった。彼らは、ディーガの需要をいかに伸ばしていくかが課題であった。[*1] したがってテレビ事業部は開発に加わらず、オーディオ・ビデオ事業部が独力で開発した。

当初の商品名は「ディーガプラス」であり、「お風呂テレビ」がコンセプトだった。しかし発売後2年間は、泣かず飛ばずの状態が続いた。[*2] そこで3年目に「プライベート・ビエラ」に改称し、コンセプトを「お風呂テレビ」から、「家中どこでもテレビ」に変更した。[*3]

これを契機に、プライベート・ビエラは、「持ち運べる小型テレビ」として空前のヒット商品になった。それでもテレビ事業部から、自分たちでも発売しようという声は上がらなかった。

実はこの後に、チューナーからテレビ（モニター）に電波を飛ばして見るタイプの壁掛けテレビが、テレビ事業部から発売された。従来の壁掛けテレビはモニターとチューナーが一体のため、アンテナコードを引っぱらざるを得ず、設置場所に制限があったが、新しい製品はプライベート・ビエラになってチューナーとモニターを分離しているので、どこの壁にもぴったり付けられ、すっきり配置できるようになった。

従来商品で実績を上げてきた企業で、従来商品のパラダイムを一新するような新しい商品カテゴリーが誕生すると、従来事業の部門はそれに消極的であったり、場合によっては、カニバリゼーションへの危惧を唱えることもある。

こうした製品間のカニバリゼーションは多くの企業で起きており、例えば、キヤノン、ニコンの一眼レフカメラとミラーレスカメラ、ビール各社のビールと発泡酒、などもこれに該当する。

②のブランド間のカニバリゼーションに関しては、パナソニックではオーディオ分野において、テクニクスとパナソニックというブランド間で軋轢が生じ、今も続いている（それらに加えて、かつては、ナショナルというブランドもあった）。一応、テクニクスは高級品、パナソニックは普及品という棲み分けはできているが、最近のワイヤレス・イヤホンでは、両方のブランドから似たような製品が出ている。

こうしたブランド間のカニバリゼーションは、セイコーグループのセイコーとアルバなどにも見られる。

③のチャネル間のカニバリゼーションとしては、現在ではパナソニックとして同じ会社に統合されたが、旧松下電工と旧松下電器の両方でほぼ同じ型のエアコンを販売していた例がある。電工はＢtoＢで工務店、電材店を相手に製品を流しており、電器はＢtoＣで、系列店や量販店を通じて一般消費者に販売していた。

実際には効率を重視し生産を共通化してきたが、型番を変えたり、チャネル別に微妙な修正を加えたりして、異なる仕切り値で販売していた。チャネルによって、設置料の有無、工事費、サービス料等の違いがあり、同一の価格にすることは難しかったのだ。

チャネル間のカニバリゼーションとしてはほかにも、同一の車種をベースに、チャネル別に商品名を変えてきたトヨタ自動車のノア（カローラ店）とヴォクシー（ネッツ店）とエスクァイア（トヨペット／トヨタ店）の例や、実店舗とＥＣで同じ商品を販売するヨドバシカメラとヨドバシ・ドット・コム、プラスとアスクルなどが挙げられる。また、自動車純正部品メーカーが、純正品を自動車メーカーに販売すると同時に、別のブランドを付けて販売している例もこれに当たる。

（なおトヨタの姉妹車（双子車）戦略は、日本の高度成長期においては、複数のチャネルを競わせてグループ全体の売上げを増やす狙いがあり、カニバリゼーションと言うより、競争による需要喚起の面が強かった。しかし自動車市場が成熟期に入り、この舵取りは難しくなってきた。）

日本の大企業ではこれまで、このような製品、ブランド、チャネルのカニバリゼーションに悩まされてきたが、近年になってビジネスモデルのカニバリゼーションも目立つようになってきた。

## ビジネスモデルのカニバリゼーションへ

近年パナソニックでは、製品、ブランド、チャネルとは違う、ビジネスモデルのカニバリゼーションも生まれてきた。

## ①白物家電と情報家電

パナソニックの家電は、〝メカに弱いおじいちゃん・おばあちゃんでも正しく使える製品〟を目指して開発されており、パナソニックというブランドを冠するからには、完成品としての高い品質と使い勝手の良さが求められた。パナソニックの白物家電は、すべてこのコンセプトで開発、生産、販売されてきた。

白物家電は、度重なる製品テストを繰り返し、出荷段階で完璧な完成品を目指した。それが〝パナソニック品質〟でもあった。

ところが、情報家電と呼ばれるテレビやブルーレイ・レコーダーなどの製品は、いったん完成品として販売されるが、販売後に内蔵されたソフトウエアを更新することによって、使い勝手を向上させることができる。例えばテレビやブルーレイでは、アンテナを通じて流れてくる信号によって、機器内部のファームウエアを書き換えたり、ソフトをアップデートすることが行われてきた。

情報家電では販売後も利用環境がどんどん変わり、後からアップデートしなければ時代遅れになる。例えば、最近の大型テレビには、ネットフリックス、アマゾンプライム・ビデオ、ユーチューブ等のネット配信動画が観られる機能が付いており、リモコンのボタン操作だけで簡単に視聴できるようになっている。

しかし、ネット配信の技術は日進月歩で進歩しており、例えばネットフリックスのシステムは、高頻度でバージョン・アップしている。そのため、テレビのほうが古いシステムのままでは、ネットフリックスが観られない事態も起こりうる。このような背景からパナソニックでは、環境の変化に合わせてテレビをアップデートしてきた。

パナソニック社内では、白物家電と情報家電はビジネスモデルがまったく異なるものとして扱われ、融合されてこなかった。従来の白物家電は修理を除けば「売って終わり」の性格が強かったのに対して、情報家電は「売ってからも顧客と繋がる」というビジネスモデルの違いがあった。

しかし最近では、アップデートは情報家電にとどまらず、電子レンジなどの白物家電の分野でも、基本機能を搭載した製品を購入した後に、必要な機能やメニューをアップデートできるようになってきた（電子レンジの場合には、スマホのアプリを通じてアップデートされる）。

さらに米国パナソニックでは、調理家電の製造・販売から、家事代行サービスの受託にまで事業を拡大させてきており、これについては、グーグルからヘッドハントしてきたリーダーが主導的役割を果たしてきた。

アップデートは基本機能の向上だけではなく、新たな付加価値を提供して、そこでユーザーに追加的に課金する可能性も開けてくる。

## ②アップデート・ビジネスのカギ

電気自動車の先駆者であるテスラは、自動運転機能を搭載している車をユーザーに試乗してもらい、そこで得られたデータを分析し、それをもとにシステムをアップデートしている（このやり方は、Over the Air と呼ばれている）。

もし、トヨタ自動車が自動運転機能を搭載した車を発売するとすれば、どのようにするか。おそらく、社内で実験を何度も繰り返し、可能な限り完璧なシステムに近づけてから市場に出すであろう。

テスラとトヨタのどちらのやり方が良いかは断言できないが、機能の改善スピードはテスラのほうが速い。しかし、顧客への安心感の提供という意味では、トヨタのやり方に一日の長があるかもしれない。

アップデートにあたっては、ハードウエアや通信面の技術的課題を克服しなくてはならないが、実際に利用している顧客のデータをきちんと把握していることも重要である。ちなみにアップルやアマゾンでは、端末が違っても顧客は１つのＩＤで会社に登録されており、そのＩＤをベースにアップデートが行われている。ソニーも近年、この方向でＩＤの統一を行っている。

パナソニックでは事業領域が広いことから、１つのＩＤで顧客を管理するという発想がこれまではなかった。エアコンはエアコンで、ドライヤーはドライヤーで、テレビはテレビで別々に顧客情報を管理してきた。

しかし最近では、「CLUB Panasonic（クラブ・パナソニック）」というアプリで、白物家電も情報家電も、1つのIDで顧客管理できるようになってきた。

今後、情報家電の比重が高まり、同じ事業部の中でも異なるビジネスモデルを持つ商品が増えると同時に、売り切りだけでなく、購入後に課金するビジネスも生まれてくるかもしれない。

# カニバリゼーションが問題となる3つの理由

カニバリゼーションが抱える課題としては、以下の3つが考えられる。

## 1 エネルギーが社外向けではなく社内向けになる

カニバリゼーションは、言い換えれば「社内競合」である。したがって、社員は社内での競合に勝つためにエネルギーを注ぐことになる。

戦略論では、マイケル・ポーターに代表され、競合の視点を重視するポジショニング・スクールと、ジェイ・バーニーに代表され、経営資源の視点を重視するリソース・ベースド・ビューの2つの流れがあるが、企業の長期的成長を考えた場合は、ピーター・ドラッカー（1974）が言うように、企業は「顧客を創造すること」を最優先させるべきであろう。

すなわち、経営を考えるためのフレームワークである3C、顧客（Customer）、競合（Competitor）、資源（Company）の中では、エネルギーを社外に向け、顧客に目を向けることに最も注力する必要がある。

カニバリゼーションを解決するために既存事業からの圧力と戦ったり、社内調整にエネルギーを注ぐことは、経営戦略の実行過程においては無駄なエネルギーの消費になる。社内政治のためにエネルギーを使い果たし、市場に打って出るときには疲れ果てているようでは、競争にも勝てない。

このようにカニバリゼーションは、本来社外に向けるべきエネルギーを社内に向けてしまう、という問題をはらんでいるのである。

## ❷ 新事業の機会損失

新事業開発の失敗には2種類ある。1つは市場性のない、もしくは競争力のない新事業を市場に出し、失敗に終わるケースであり、もうひとつは、市場性があったにもかかわらず、社内の事情で事業化に至らなかったケースである。

品質管理にたとえれば、前者は不良品を合格だとして市場に出し、クレームやリコールになるケースであり、後者は良品を不合格と判断して社内で破棄してしまうケースに当たる。

一般に、マスコミで取り上げられたり、ビジネス書の事例研究に登場する失敗例は前者であり、これについてはさまざまな研究や論評が行われている。具体例を挙げれば、ユニクロの野菜販売事業、鉄鋼各社の半導体事業、東京電力の電話事業、東芝の住宅事業、沖電気のパソコン事業、リクルートの回線リセール事業、ワコールのスポーツカー事業など、枚挙にいとまがない。

一方、後者の失敗は表に出てこないため、その件数も実態も明らかになっていない。しかしビジネスパーソンが自社を見渡せば、それと思える事例を多く見つけられるであろう。例えば、一眼レフカメラが強かったニコンが、なかなかミラーレス・カメラの発売に踏み切れなかった事例などは、この典型例である。

後者の失敗は、カニバリゼーションが原因で引き起こされることが多い。すなわち、市場性があったにもかかわらず、社内のカニバリゼーションの声に屈して、製品を上市できなかった事業である。

かつての高度成長期には、新商品・新事業の機会が至る所に転がっていたが、今日の経営環境においては、市場性のある事業を断念することによる機会損失を、見逃すわけにはいかない。せっかく良い種があったのに、それを社内の圧力で殺してしまう愚は、避けなければならない。

これが、カニバリゼーションの2番目の問題である。

## ❸忖度《そんたく》経営の蔓延

カニバリゼーションの回避は、組織的に〝忖度経営〟を強めていく要因となりうる。

前々項で、市場や顧客に向かうべきエネルギーが社内に向かうと述べたが、それが度重なると、市場で成功することよりも社内での評価を優先する風土が、組織に根づいてしまう。

例えば、ある旧財閥系のプライム上場企業では、トップ・マネジメントが新事業の重要性を訴えているにもかかわらず、新事業開発部門では、売上げが大きく、かつ利益が出ている既存事業を刺激することがタブー視されており、新事業を担当するメンバーの多くが兼務者であるため、本腰が入っていない。

こうした企業では、本業の事業部長は出世レースの先頭を走っている人物であることが多い。その事業部長ににらまれると、自分の将来のキャリアが危うくなることから、他部門の社員たちは当人の怒りを買わないように、忖度しながら行動する傾向がある。

仮に、本業を食うような新事業の可能性を見つけたとしても、新事業部門側で本業に忖度してしまい、誰も本気で取り組もうとはしない。

こうした忖度経営を続けていると組織は縮小均衡に陥り、本業のライフサイクルが成熟期に入るにつれて、業績も下降線をたどることになる。

筆者らが行った本業転換に失敗した事例研究[*4]を見ても、本業への忖度が強かった企業は、長い目で見ると、会社分割、救済合併、倒産などの結末に至ったケースが少なくない。

以上のようにカニバリゼーションは、内向き志向、新事業の機会損失、忖度経営を生む危険性をはらんでいるのである。

## 注

＊1　https：//japan.cnet.com/article/35112368/ を参照。

＊2　日経ビジネス　２０２３年2月13日号

＊3　＊1と同じ。

＊4　山田英夫・手嶋友希（２０１９）『本業転換』ＫＡＤＯＫＡＷＡ

# 第1章

# カニバリゼーションはどう捉えられてきたか

# カニバリゼーションの歴史

## カニバリゼーションの語源

カニバリゼーション（cannibalization）という言葉は20世紀初頭に、cannibalize の名詞形として生まれた。[*1]

cannibalize は、cannibal（人肉を食べる人、共食いする動物の意味）を動詞にしたもので、西インド諸島で、人肉を食べる習慣があると信じられていたカリブ族を表すスペイン語 caríbales もしくは caníbales が語源とされ、16世紀から使われ始めた。[*2]

cannibalize の今日的用法としては、『新英和中辞典』（研究社）によれば、

①古い車・機械などを分解する、解体する、解体して利用可能な部品を使うという意味と、
②人の肉を食う、動物が同類を共食いするという2つの意味で使われている。

また、自然・社会・人文科学分野の学術論文データベース“Web of Science”で、cannibaliをタイトルや抄録に含む1900年以降の論文を調べたところ、カニバリゼーションという用語が多く使われてきたのは、トップが動物学で次に生態学。以下、海洋淡水生物学、昆虫学などが続いていた。ちなみに、マネジメントやビジネス領域での出現回数は、4番目の昆虫学の4分の1ほどしかない。

## マーケティングにおけるカニバリゼーション

カニバリゼーションという言葉を経営学分野で初めて使ったのは、マーケティング研究者のウィリアム・コプルスキー（1976）であった。彼は、「同じ企業の新製品が既存製品のシェアを奪う現象」をカニバリゼーションと呼んだ。その例とし

て、インスタントコーヒーや自動車が示されたが、彼は、カニバリゼーションは「避けるべきもの」として捉えていた。

カニバリゼーションの研究は、その後主にマーケティング、特に製品政策の分野でなされてきた。たとえばシャーロット・メイソンとジョージ・ミルン（1994）は、ブランド拡張とライン拡張の2つの観点から、新製品投入に関するカニバリゼーションを論じた。

一方、ラジェッシュ・シャンディとジェラルド・テリス（1998）は、カニバリゼーションを肯定的に捉える見解を示した。彼らは、カニバリゼーションを恐れない態度が、結果的に企業を成功に導くと主張した。

ちなみに、プロクター・アンド・ギャンブル（P&G）の創業家の一人、ウィリアム・クーパー・プロクターは、「合成洗剤は石鹸ビジネスを破壊するかもしれない。誰かに破壊されるくらいだったら、P&G自身が破壊するほうがよい」という言葉を残しており、P&Gでは「他社につぶされるくらいなら、自社の商品でつぶしたほうがよい」[*3]という、自社内カニバリゼーションを恐れない社内ポリシーがあることがわかる。

インターネットの普及に伴い、最近ではチャネル間のカニバリゼーションの研究も増えている（例えば、デニス・ヘルハウゼンほか 2015）。

以上のように、カニバリゼーションの研究は、製品、ブランド、そしてチャネルと、マーケティングの各分野で行われてきた。

## カニバリゼーションが起きるとき

製品のカニバリゼーションは、新規に登場した製品が、既存製品の売上げや利益を食う場合に発生する。

**図表1-1**に示したような新製品の投入によって、既存製品の売上げが落ちる場合には、会社全体の平均製品単価が下がり、製品のカニバリゼーションが起きる傾

図表1-1

## 製品のカニバリゼーションが起きた例

| 業種 | 既存製品 | 新製品 | カニバリゼーションの理由 |
|---|---|---|---|
| ビール | ビール | 発泡酒 | 単価が下がる |
| トイレタリー | シャンプー／リンス | リンスインシャンプー | リンスが売れなくなる |
| カメラ | 一眼レフ・カメラ | ミラーレス・カメラ | 単価が下がる |
| 携帯キャリア | ブランド・キャリア | サブ・ブランド | 料金収入が下がる |
| 化粧品 | カウンセリング品 | セルフ品 | 単価が下がる |
| 出版 | 単行本 | 文庫本 | 単価が下がる |

出所：筆者作成

向にある。

ただし、新製品が既存製品の売上げを食っても、製品単価が上がる場合には全体としての売上げが増える可能性があり、カニバリゼーションは起きにくい。

例えば日本では、DVDレコーダーが十分に普及する前にブルーレイ・レコーダーが登場したが、電機メーカーは一時的に併売した後、徐々に比重をブルーレイに移していった。ブルーレイはDVDの需要を明らかに侵食したが、単価が上がったため、業界でカニバリゼーションの声は聞かれなかった。

また、ブルーレイ・レコーダーでＤＶＤも録画・再生できたため、ユーザーからの不満も出なかった。

さらに、新製品の投入によって、既存製品が食われても、全体の利益率が上がる場合も、カニバリゼーションは起きにくい。

その昔、クーラーがエアコンに代替されたときも、カニバリゼーションは起きなかった。かつてのクーラーには暖房機能が付いておらず、エアコンになって暖房機能が標準搭載されるようになった。それにより単価が上がり、かつ通年生産・販売が可能になり、利益率も改善した。

## カニバリゼーションの定義

マーケティングや経営学におけるカニバリゼーションの定義として、以下のようなものが挙げられる。

- 「新製品が既存製品から横取りする形で、売上げの一部を獲得するプロセス」（ジェームズ・ヘスケット 1976）
- 「製品ラインの拡張やリ・ポジショニングが既存の製品に与える悪影響」（ロジャー・ケリンほか 1978）
- 「自社の他製品によって、既存製品の顧客が奪われる程度」（メイソンとミルン 1994）
- 「自社の複数の製品が同じ需要をめぐって争い、一方が他方の需要を奪うこと」（浅井小弥太 1997）

またカニバリゼーションを測定する指標としては、売上高や売上数量の減少とする研究が多いが、[*4] 利益率の低下と捉える研究もある。[*5]

本書では、外部からも観察可能な売上げの減少を指標とし、「自社の新製品・新事業によって、既存製品・事業の売上げが減少すること」をカニバリゼーションの定義として仮置きし、以下、議論を進めていく。

図表1-2
S曲線

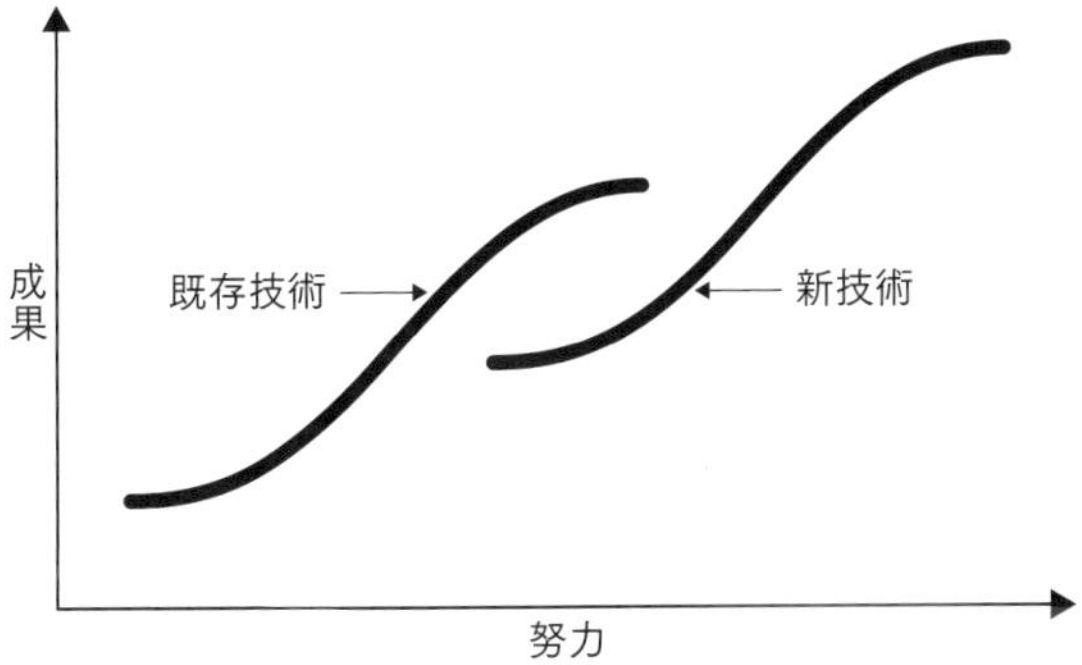


出所：フォスター（1986）に筆者加筆

## 経営学におけるカニバリゼーション

カニバリゼーションの研究はマーケティング分野で数多く行われてきたが、経営学の分野では、まず、技術のカニバリゼーションに注目した研究が行われた。

### ①フォスターのS曲線

マッキンゼーのリチャード・フォスター（1986）は、技術性能の向上と資源の投入量の間には、S字のような曲線を描く関係があると述べた。

技術の資源の投入量が増えるほど、性能の向上も右肩上がりで達成されるが、どのような技術であってもいずれは、いくら資源を投入しても性能が向上しない停滞期に入る。これを既存技術と新技術の関係で見ると（図表1－2）、新技術の初期段階では既存技術よりも性能が劣っているため、企業は新技術に移行することを躊躇する。そのため、新規業者に新技術で市場に参入するチャンスが生まれる。この現象をフォスターは、「攻撃者の優位性（Attacker's Advantage）」と呼んだ。

その例として、パイオニアが優位性を持っていたレーザーカラオケ（レーザーディスクによるカラオケ）に固執し、通信カラオケへの進出が大きく遅れた事例が挙げられる。[*6]

パイオニアは、〝絵の出るレコード〟と呼ばれたビデオディスク事業で競合する別規格のＶＨＤに勝利し、カラオケ市場で70％のシェアを取っていた。

レーザーディスクは、それ以前に普及していた8トラック・カートリッジに比べて、①画面に歌詞が出る、②音質が良い、③何度再生しても画質が劣化しない、④選曲が瞬時にできる、という特長を持っていた。ただし、大型のオートチェンジャー機器を店舗に置く必要があり、そのメンテナンスも必要であった。

ところが、1992年に通信カラオケが登場した。通信カラオケには、①大きな機器を置く必要がなくメンテナンスもほぼ不要、②新曲をすぐに配信可能、③曲数は無限に増やせる、というメリットがあった。タイトー、エクシングなどのアミューズメント系の情報・通信企業がカラオケ市場に参入してきたが、パイオニアは静観を続けた。

その理由の1つとして、通信カラオケの音や画質がレーザーディスクよりも劣っていたことがある。特に映像に関しては使い回しも多く、曲とは関係のない映像が流されたりもしていた。そのため「音と光のパイオニア」を標榜する同社が、わざわざ品質を落としてまで通信カラオケに参入する意味を見出せなかったのだ。

当時の通信回線の状況から高画質化は難しかったものの、通信カラオケにはレーザーディスクにはない利点があった。新曲がすぐに歌える、という利点である。レーザーカラオケの場合には、新曲が出たらそれを歌なしで編曲して録音し、ディスクにスタンピングして各店舗に配送しなければならず、どうしてもリードタイムが長くなる。加えて、機器のキャパシティから、投入できる新曲も、レーザーディスク1枚で毎月28曲に限られていた。

一方、通信カラオケは、新曲を録音すればすぐに配信が可能であり、「今流行っている曲を歌いたい」という消費者ニーズにフィットしていた。やがて通信環境が良くなって、画質もレーザーと遜色なくなると、レーザーカラオケが次々と通信カラオケに代替されるようになった。

パイオニアも重い腰を上げて1995年に通信カラオケに参入したが、すでに先発企業の壁が高く築かれており、2000年には業務用カラオケ市場から撤退せざるを得なかった。この顛末は、まさにフォスターの唱えた説をなぞる展開であった。

## ②イノベーションのジレンマ

「優良企業は、優れているが故に失敗する」という原理を説明した書に、クレイトン・クリステンセンの『イノベーションのジレンマ（The Innovator's Dilemma）』（翔泳社）がある。その中でクリステンセンは、現在の市場で成功している企業は、現在の顧客のニーズに応えるため「持続的イノベーション」による進歩を志向するが、まったく異なる価値を市場にもたらす「破壊的イノベーション」は、まったく異なる企業から提供され、かつ新しい顧客に評価される傾向があると述べた。

そして、このようなことが起きる理由については、次のように説明している。

第一に、「顧客の声に耳を傾ける」というマーケティングの鉄則があるが、成功している企業は現行顧客の声に促されて持続的イノベーションにますます注力し、破壊的イノベーションへのリーダーシップがとれなくなる。

第二に、破壊的イノベーションによって生まれる新市場は、最初はすべて小規模な市場として始まる。しかし、成功している大企業は小さな市場への参入に魅力を感じず、その可能性を過小評価してしまう。

企業が成功するためには、顧客ニーズに応えるように技術、製品、生産設備に投資をすることが必要だが、既に投じた資源が足かせとなって、現行技術を否定するような破壊的技術には積極的になれない。そこにイノベーションのジレンマがあることを同書は示している。[*7]

クリステンセンは、技術を「組織が労働力、資本、原材料、情報を、価格の高い製品やサービスに変えるプロセス」と定義しており、製造業にとどまらずサービス業にも有効であり、マーケティング、投資、マネジメントなども含むとしている。

ただし、クリステンセンは製品・技術・サービスなどに特化して論を展開しており、時代背景の違いもあるが、ビジネスモデルにおけるイノベーションのジレンマについては言及していない。それでも彼の考え方を拡張解釈すれば、既存のビジネスモデルと新しいビジネスモデルの間にもイノベーションのジレンマが生まれることになり、特に成功してきた大企業にそれが生じる可能性が強いと言えよう。

## ③両利きの経営

効率の追求とイノベーションという対立する2つの事象について、「両利き（Ambidexterity）」という用語を使ったのは、ロバート・ダンカン（1976）である。その考え方を組織論の視点から発展させたのがジェームズ・マーチ（1991）であり、「知の深化（Exploitation）」と「知の探索（Exploration）」の両方を同時並行で進めることの重要性を示した。

その後、チャールズ・タッシュマンとマイケル・オライリー（1996）は探索と深化の概念を明確にし、2016年の著書『両利きの経営（原題：Lead and Disrupt）』（東洋経済新報社）を通じて、一般の人にもこの概念が普及するようになった。彼らは、成功しているほど知の深化に偏り、イノベーションが起きにくくなる状況を「サクセス・トラップ（成功の罠）」と呼び、伝統的大企業の抱える問題として言及した。

そして彼らは、企業において、本業をより強固にする「深化」と、新事業を開拓する「探索」の2つの活動のバランスが高次元で取れている状態を「両利きの経営」と呼んだ。

クリステンセンの「イノベーションのジレンマ」が技術を中心に論じられてきたのに対して、オライリーらは経営の仕組み全体の問題と捉えた。彼らは、新事業開発は別組織で、独自の流儀や組織構造、文化を維持しながら進めるが、新事業部門を監督する経営幹部は本社業務を兼務し、本体の経営資源を十分使えるようにすべきだと提言した。

またジョセフ・バウアーとクリステンセン（1995）は、「組織は破壊的変化に直面すると、探索と深化を同時に行えないので、探索にあたるサブユニットをスピンアウトしなくてはならない」と述べている。

# ビジネスモデルのカニバリゼーション

## デュアル・ビジネスモデルの研究

カニバリゼーションの研究は、製品のカニバリゼーションから、既存のビジネスモデルと新しいビジネスモデルが同一企業に併存する、デュアル・ビジネスモデル

(Dual Business Model) の研究へと進展してきた。

デュアル・ビジネスモデルという概念を提起したのはコスタス・マルキデスとコスタス・シャリトゥ(2004)であり、彼らは既存のビジネスモデルを棄損することなく新たなビジネスモデルを構築する方法について研究し、そのポイントとして、①2つのビジネスモデルを切り離すことと、②お互いにシナジーが得られるように統合することとの間でバランスを保つことを提示した。

前述のクリステンセンも新旧のビジネスモデルを切り離すことを推奨したが、①2つのビジネスモデルがどの程度似通っているのか、②2つのビジネスモデルが対象とする市場がどの程度似ているのか、によって戦略は決まってくるとマルキデスらは述べている。

## ビジネスモデルのカニバリゼーションの研究

チャンダー・ヴェルとフィリップ・スタイルズ(2013)は、「従来のビジネスモデルから新しいビジネスモデルへの移行において、新旧のモデルが併存しカニバリゼーションを起こすフェーズを、いかにして乗り越えればよいかを論じた先行研究はない」と述べ、初めてビジネスモデルのカニバリゼーションに焦点を当てた。

彼らの結論は、企業にとってベストな意思決定と、社員の既得権益への配慮の間のバランスを取ることが重要である、ということであり、カニバリゼーションへの組織的な解決方法を提起した。

## 製品代替性とカニバリゼーション

2つのビジネスモデルの類似度とカニバリゼーションの関係を考えるうえで参考になるのが、柴田友厚らによる「二刀流組織」の研究である。

製品の代替性が高い場合、探索製品（新製品）と主力製品（既存製品）は共食いの関係になると柴田らは言う（柴田ほか 2017）。製品代替性とは、「探索活動が生み出す成果が、主力製品の需要や売上げを代替する程度」である（柴田 2022）。

探索から生まれた新製品の代替性が高ければ、新製品は既存製品の需要を減少さ

図表1-3
二刀流組織の類型化

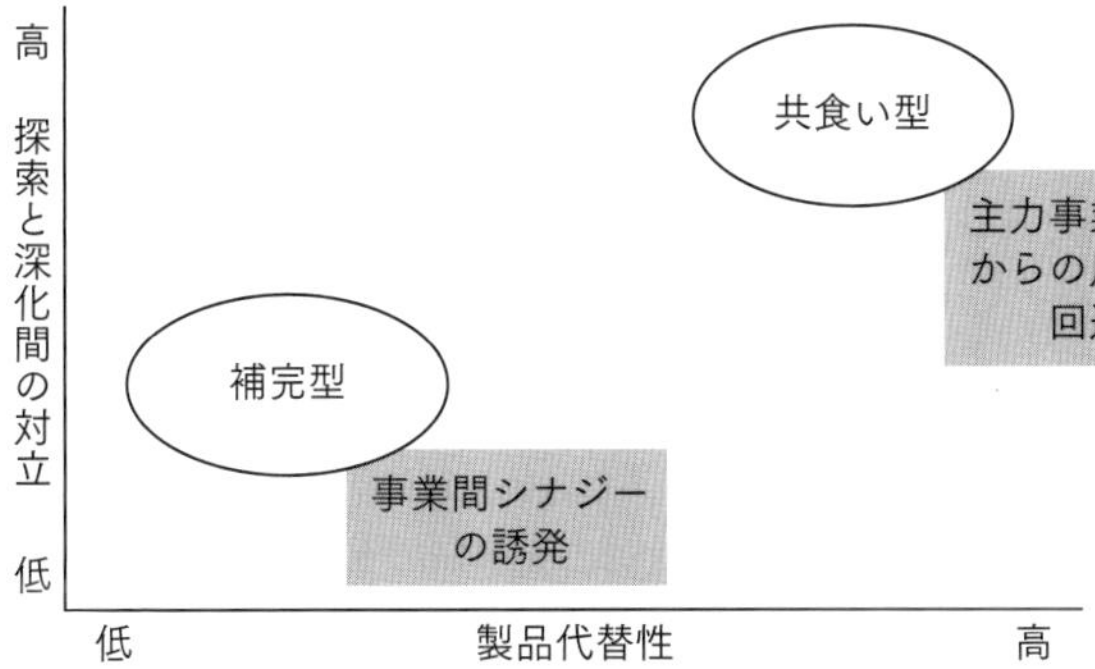


出所：柴田ほか（2017）を一部修正

せ、新製品と既存製品との間にカニバリゼーションが生まれる。他方、代替性が低い場合、新製品が既存製品の需要を減少させることはない。このため、探索部門と主力部門の対立は生じにくい。

それまでの研究では、製品・事業の代替性の違いを区別せずに、同じものとして扱ってきたが、柴田らは両者を区別することで、マネジメントについて有用な示唆が得られるとした。

そして、**図表1-3**に示す「共食い型」では、ドメインをどう定義するか、現場の関与と納得をどう得るかが重要になると述べた。他方「補完型」では、資源の共有度に着目し、部門を越えたシナジーを享受できる組織体制にすることが重要だと述べた。

## ケースになったビジネスモデルのカニバリゼーション

過去、著名なビジネススクールのケースにもなったビジネスモデルのカニバリゼーションの例として、アマゾン、ネットフリックス、アドビなどが挙げられる。

### ①アマゾンにおけるカニバリゼーション

アマゾンのケースはハーバード・ビジネススクールだけでも6本以上あるが、カニバリゼーションに関しては、山根節・牟田陽子（2020）が詳しい。[*8] ほかにもアマゾンにおけるカニバリゼーションを研究した論文として、アニンディヤ・ゴーシュほか（2006）などが挙げられる。

アマゾンは1995年に書籍のECでスタートし、以降、米国ではCD、DVD、ソフトウエア、TVゲーム、エレクトロニクス機器、ホーム&キッチン、おもちゃ、スポーツ、ヘルス&ビューティ、ベビー&マタニティ、コスメ、食料と飲料、靴とバッグ、ジュエリー、文具・オフィス用品、楽器、ペット用品と取扱い品目を拡大してきた。しかし、これらは基本的に書籍のEC事業と同じビジネスモデルであり、扱う商品が増えただけである。

アマゾンが異なるビジネスモデルに最初に参入したのは、2002年にスタートさせた「アマゾン・マーケットプレイス」である。マーケットプレイスとは、「第三者としての出品者と購入者が売買を行うために、アマゾンが提供するオンライン上の場」である。

購入者から見れば楽天市場に似たモデルと言えるが、アマゾンが〝出品型〟なのに対して、楽天市場は〝出店型〟である。

アマゾンは、小口出品者からは売れた場合に販売手数料（概ね15%）を受け取り、大口出品者からは月極の登録料をもらう仕組みを作った。さらに、マーケットプレイスの運用効率を上げるために、商品の保管と発送を代行するフルフィルメント・サービスも提供しており、出品者はアマゾンに委託料を支払う。

マーケットプレイスの登場によって、消費者は同じタイトルの新刊本と中古本を比較購入できるようになった。価格を重視する人は中古本を買うため、新刊本の売上げが減るおそれもあったが、ジェフ・ベゾスは、マーケットプレイスの出品者に食われても、アマゾン全体の成長を優先したのである。

アマゾンの祖業は書籍のEC事業だが、電子書籍端末キンドルを自社開発し、2007年には電子書籍分野に参入した（日本でのキンドルの発売は2012年）。これも、書籍販売とカニバリゼーションを起こすものである。

このときベゾスは、「紙の書籍の必要性をなくすぐらいの気持ちで、電子書籍ビジネスに取り組め」[*9]と社内に指示したと言われる。「カニバリを恐れ、新サービス・製品の提供を躊躇したり、品質を落としたりすれば、既存事業というしがらみのない新たな挑戦者に顧客を奪われる」とベゾスは考えていたからである。

その後アマゾンは、CD販売とカニバリの恐れがある音楽配信（アマゾンプライム・ミュージック）、DVDやブルーレイ販売とカニバリの恐れがある動画・映像配信（アマゾンプライム・ビデオ）にも進出している。

さらに本業のECのバックヤードを支えていたクラウド・システムをAWS（アマゾン・ウェブ・サービス）として、2006年から外部の顧客向けに提供し始めた。その後AWSは、アマゾンの事業の柱となっている。

## ②ネットフリックスにおけるカニバリゼーション

ネットフリックスに関しては、スタンフォード、ハーバード、Iveyビジネススクール（カナダ）、IMDなど、多くのビジネススクールでケースになっている。[*10] 業態が大きく変化し、ビジネスモデルの転換に触れたものが多い。研究論文としては、ユーほか（2022）などがカニバリゼーションにも触れている。

ネットフリックスは、1997年にリード・ヘイスティングスとマーク・ランドルフが創案した、郵送によるDVDレンタル事業が祖業である。実際に自分宛にDVDを送ってみたところ、ディスクが無傷で到着したことから、ネットフリックスのベースとなるアイデアが誕生した。ビデオテープ（VHS）では郵送料が高かったが、DVDであればペイするようになったからである。

そして98年に、世界初の郵送型DVDレンタル・販売サイトとしてネットフリックス・ドットコムを創設し、翌年、定額制サービスを開始した。返却期限も延滞金も月間貸出本数の上限もなく、好きな作品を好きなだけレンタルできるようにした。

しかし2007年に、ネットフリックスは動画配信を始めた。動画配信は明らかに、DVDレンタルとカニバリゼーションを起こすものであった。しかし、同社はブロードバンドで映像を届ける企業を目指していたため、このカニバリゼーションを積極的に受け入れた。ただし、DVDレンタルと動画配信は別組織で行うことにした。

さらに、2013年頃からは自らの資金を投じて、ドラマのコンテンツ制作にも乗り出した。日本でも、『愛の不時着』などが人気を集めた。「映像を届ける会社」になることが、会社のもともとの目的であったからである。

## ③アドビにおけるカニバリゼーション

アドビに関しては、アマゾンやネットフリックスほどには知られていない部分も多いので、少し詳しく述べていこう。ハーバードのケース（２０１４）が、サブスクリプションを開始し、パッケージ販売を中止することの困難な状況を描いている。[*11]

### アドビの強み

アドビシステムズは１９８３年に創業された（２０１８年に現社名のアドビに改称した）。そして１９８５年にプログラミング言語「ポストスクリプト（Post Script）」を開発し、ライセンス提供を始めた。創業後しばらくは、アップルからのライセンス料が収益の柱であった。

アドビは一般消費者には、ＰＤＦ（Portable Document Format）を閲覧するためのソフト「アクロバット（Adobe Acrobat）」で知られている。ＰＤＦは、文書データをどのようなアプリやデバイスでもレイアウトを崩さずに表示・保存できるファイル形式であり、アドビが１９９３年に開発し、２００８年にＩＳＯ（国際標準化機構）

によって標準化されて、世界中で使われている。

しかし、アドビの真の強みは、画像編集ソフトの「フォトショップ（Adobe Photoshop：1989年発売）」やイラスト制作ソフトの「イラストレーター（Adobe Illustrator：1987年発表）」などにある。これらのソフトはクリエイティブの現場では圧倒的な支持を得てきた。パソコン上で制作するＤＴＰ（Desktop Publishing）が一般化するにつれ、アドビのソフトはクリエイターの必需品となった。これらのソフトが使えなければ仕事にも差し支えるほどであった。

アドビは当時、1年半から2年ごとにパッケージ・ソフトの新版を出していた。

### 売り切りからサブスクに

２０１２年にアドビの売上高は過去最高の44億ドルを記録した。そしてその年に、それまでパッケージ版として提供してきたソフトの出荷を止めて、サブスクリプション・モデル（以下サブスクと略す）に転換した。この変更によって翌13年には、それまで10万円前後で販売されていた商品が、月額９８０円から使えるようになったのである。

アドビがパッケージ販売をやめてサブスクに全面転換した理由として、以下の4つが挙げられる。

第一に、年間のパッケージ販売数が約300万個で横ばい状態であり、長期的成長を遂げるには、単価を上げるか、新しいユーザーを呼び込むしかなかった。

第二に、技術の進化が製品開発のサイクルを追い越してしまったことである。特にスマートフォンの台頭によってウェブ・ブラウザの進化が加速され、1年半から2年のアップデートのサイクルでは、技術の進化についていけなくなった。サブスクに転換したことで、ソフトのバージョンアップは毎月行われるようになった。

第三に、10万円近くするパッケージを購入することは、個人事業主のようなユーザーや、趣味で「フォトショップ」「イラストレーター」を使いたいというユーザーにとっては、敷居が高かった。そこでサブスクでは、月額5250円でアドビの提供するすべてのソフトを使えるようにした。

第四に、アドビは海賊版ソフトに頭を悩ませていた。米国では海賊版が2割あり、インドや中国では8〜9割が海賊版と言われていた。[*12] それら海賊版によって年間数十億ドルもの損失が出ていた。これは、パッケージ版が高価であるがゆえに起きていた現象でもあった。

## サブスクへの移行

アドビはいきなりサブスクへ完全移行したわけではなく、しばらくはパッケージ版の販売も続けていた。それでもサブスクへの移行を発表した翌日、アドビの株価は大暴落した。「なぜ好調なパッケージ版を切り捨てるのか」という批判がステークホルダーから巻き起こったのだ。社員たちの反発も強く、「もう少し併売を続けてもよいのではないか」という声も少なくなかった。

こうした反対者に対して、トップ・マネジメントは精力的に対話を続けた。やがて、対話によって現場の人間も、自分たちが会社の意思決定に関わっているという意識を持つようになり、次第にサブスク支援者に変わっていった。[*13]

## サブスクへのユーザーの反応

サブスク化によって次のような変化が起きた。

まず、サブスクをいちばん歓迎したのは、複数のアドビ製品を使用していたユーザーだった。すべてのアドビ製品が同梱されたパッケージ・ソフトの「マスターコレクション」は50万円近くしたが、サブスクではこれを月額5千円で使えるようになったのである。

一方、サブスクに否定的な反応を示したのは、特定のソフトだけを使いたいユーザーであり、当初はすべてが同梱されたプランしか提供されなかったためである。これに対しては、後日、機能を特化したサービスを提供するように改め、ユーザーのニーズに対応してきた。

アドビのユーザー構成は、かつてはプロ・ユーザーが圧倒的に多かったが、サブスクに移行してからは、特に日本ではノンプロのユーザー数がプロを上回るようになった。

### サブスクがもたらしたもの

アドビの経営には、サブスクによって次のような変化があった。

第一に、サブスクによって、アドビは長期の収益予測を高い精度で行えるようになった。従来の売り切りでは、販売量に波もあって予測は難しかったが、サブスクにしたことで先の収益を見通せるようになった。

第二に、サブスクに移行した２０１３年は予想どおり売上げを落としたものの、14年から回復し、15年には過去最高の売上高となった。そして18年には過去最高益を達成し、その7割以上がサブスクによる利益だと言われている。[＊14]

**注**

＊1　https：//www.etymonline.com/word/cannibalization

＊2　https：//www.etymonline.com/word/cannibal#etymonline_v_667

＊3　Dyer D., Dalzell F. and Olegario R.（2004）, *Rising Tide：Lessons from 165 Years of Brand Building at Procter & Gamble*, Harvard Business Scholl Press

＊4　例えば、Lomax W., Hammond K., East R. and Clemente M.（1997）,The Measurement of Cannibalization, *Journal of Product and Brand Management,* Vol.6,No.1,pp.27-39

＊5　近能善範・高井文子（２０１０）『コア・テキスト　イノベーション・マネジメント』新世社。

*6 レーザーカラオケに関しても、*5を参照。

*7 クリステンセンの『イノベーションのジレンマ（原題：The Innovator's Dilemma）』は日本でも知名度は高いが、正確には、原題でもある「イノベーターのジレンマ」について書かれている。すなわち、イノベーション自体にジレンマがあるわけではなく、イノベーターゆえに直面する課題を論じている。

*8 以下のケースが参考になる。
・山根 節・牟田陽子（２０２０）「「アマゾン.com（Ⅱ）～エブリシング・ストアからエブリシング・カンパニーへ」『慶應義塾大学ビジネススクールケース』：90-20-9433。
・Gupta S. (2013) (2017), *Amazon in 2017*, Harvard Business Publishing,（邦訳「アマゾン２０１７年」 ケース：CCJB-HBS-518J17）
・山根 節・牟田陽子（２０２２）『なぜ日本からＧＡＦＡは生まれないのか』光文社

*9 谷 敏行（２０２１）『Amazon Mechanism』日経ＢＰ社

*10 ネットフリックスに関しては、以下のケースが参考になる。
・Coates B.（２００７）, *Netflix*, Stanford Graduate School of Business, Case：E238
・Kemerer C. and Brian D. (2017) *Netflix Inc.：The Disruptor Faces Disruption*, IVEY case：CCJB-IVE-9817E016（日本語）
・Shin W., Kaufman S. P. and Spinola D. (2007), *Netflix*, Harvard Business Publishing：Case：CCJB-HBS-10025-01
・Shin W. and Kaufman S. P. (2014), *Netflix in 2011*, Harvard Business Publishing：Case：CCJB-HBS-615007-02

*11 以下のケースや論文が参考になる。
・Gupta S. and Barley L. (2014), *Reinventing Adobe*, Harvard Business Publishing, CCJB-HBS-514066（邦訳「アドビの改革」 ケース：CCJB-HBS-522J07）
・太田康宏（２０２２）「Netflix 2021年」『慶應義塾大学ビジネススクールケース』
・宮本聡治、妹尾堅一郎、伊澤久美（２０１８）「アドビシステムズのビジネスモデルの変遷から学ぶ：プラットフォーム論の観点から見た一考察」『研究・イノベーション学会

年次学術大会講演要旨集』第33号、pp.298-303
・西山正一「売上高は過去最高を記録！ アドビに聞く、サブスク成功の鍵。データドリブン経営で顧客満足度をさらに高める」『Digital Shift Times』 ２０２１年2月18日
・Yu Y.,Chen H., Peng C-H. and Chau P. Y. K. (2002) The Causal Effect of Subscription Video Streaming on DVD Sales : Evidence from a Natural Experiment, *Decision Support Systems*, Vol. 157, p.113767
*12 日経ビジネス ２０１３年6月24日号
*13 日経ビジネス ２０１６年3月28日号
*14 「なぜAdobeは年間粗利率97%、３４００億円のビジネスモデルを捨てたのか」『BizMake』 2019.3.20 https://media.bizmake.jp/example/sub-adobe/

# 第2章

# カニバリゼーションを見る3つの視点

# カニバリゼーションはいつ発生するのか(When)

本章では、When、Who、Whatの3つの視点から、カニバリゼーションを見ていこう。

## ①カニバリゼーションが発生するタイミング

企業内で、ビジネスモデルのカニバリゼーションはいつ発生するのか。大きく分けると、まず新しいビジネスモデルが実際に「上市された後」の段階そしてそれだけでなく、新しいビジネスモデルが社内で開発され、製品もしくはサービスを「上市(市場に出すこと)する前」の段階にも発生する。

なぜ、市場に導入する前にもカニバリゼーションが起きるのか。それは、次に述べる認知的不協和理論と関係がある。多少長くなるが解説しよう。

## ②認知的不協和理論

認知的不協和理論（Cognitive Dissonance Theory）は、米国の社会心理学者レオン・フェスティンガーによって提唱された。1934年にインドで大地震が起きたとき、それによる被害を〝受けなかった〟地域の住民たちの間で、「近いうちに大地震が来る」という流言が広まった。

フェスティンガーは、地震の被害があった地域ではなく、なかった地域でなぜこうした流言が広まったのかを研究し、流言は人々が「恐れを正当化する」ために広がったと結論づけた。

彼は、人間の心理的な矛盾を「不協和（Dissonance）」と呼んだ。2つの要素を取り出したときに、1つの要素の逆の面が他の要素から帰結されるなら、これら2つの要素は不協和な関係にあると言う。

すなわち、大地震の情報があるにもかかわらず、自分のいる場所では被害が起きていないという相矛盾する2つの要素が、不協和を生み出していたのである。

認知的不協和理論とは、「客観的事実に反する信念や態度を自分が持っていると意識すると、その不快感（不協和）を低減しようと動機づけられる」[*1]という理論である。

自分が購入した自動車のテレビCMやカタログを、買わなかった車の広告やカタログよりも多く見るような現象も、認知的不協和理論によって説明される。また、喫煙をやめられない人が、「ガンの原因は喫煙だけではない」「タバコを吸い続けて長生きしている人も大勢いる」と主張するのも、不協和を低減する態度の例と言える。

### ③潜在的／顕在的カニバリゼーション

ここで、認知的不協和理論には、組織内で起こるカニバリゼーションとの共通項が多いことを指摘したい。

カニバリゼーションには、まだ起きていないことに対する不安としてのカニバリゼーションと、実際に新しいビジネスモデルが導入されたことによって生じるカニバリゼーションの2種類がある。以下本書では、前者を「潜在的カニバリゼーション」、後者を「顕在的カニバリゼーション」と呼び、この両者を合わせてカニバリゼーションと捉える。

認知的不協和理論で、実際には地震が起きていない地域で「近いうちに大地震が来る」という流言が広まったように、新事業が上市される前で、既存事業の売上減が生じていない段階でも、カニバリゼーションの不安は広がる。潜在的カニバリゼーションは、新しいビジネスモデルが実際に上市される直前に、最も大きくなると推定される。

新しいビジネスモデルが上市されると、その直後からしばらくは、既存ビジネスモデルの事業部内を中心にカニバリゼーションの懸念は大きいまま推移する。その後時間の経過とともに、組織的融合が進んだり、諦念が広がったりして、カニバリゼーションは徐々に減衰していく。

それを図示すれば、**図表2-1**のようになる。

図表2-1
**カニバリゼーションの強さ**

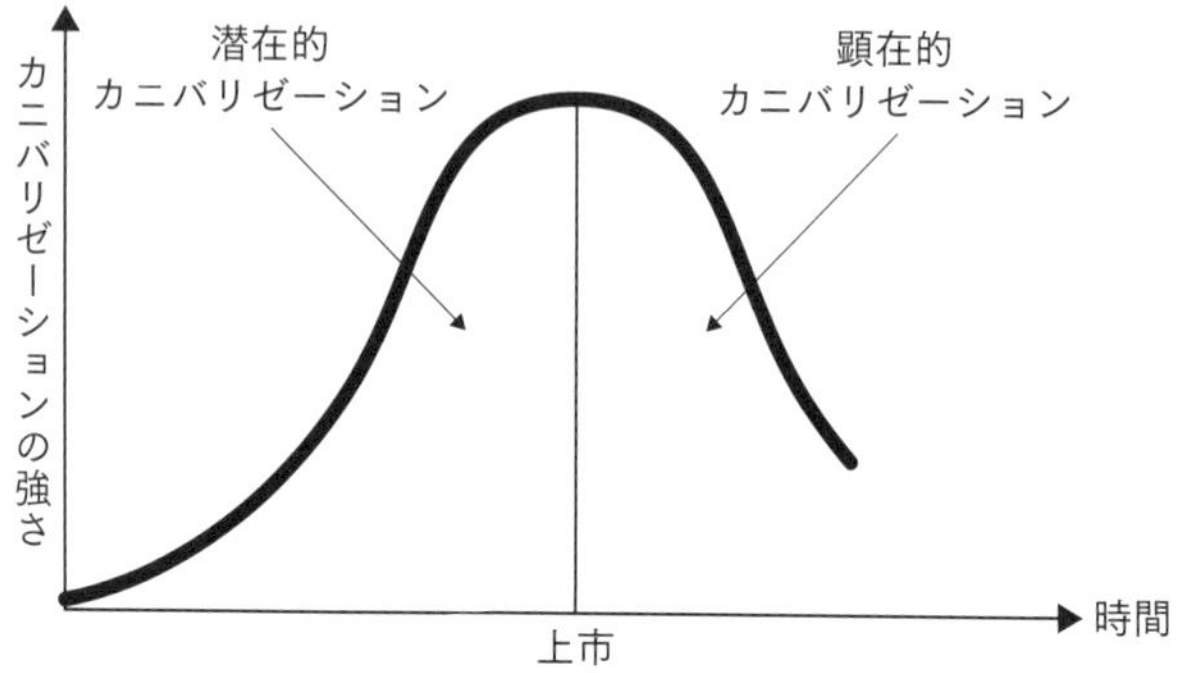


出所：筆者作成

## ④市場導入前のカニバリゼーション（潜在的カニバリゼーション）

それでは、潜在的カニバリゼーションと顕在的カニバリゼーションに関して、順を追って説明しよう。

市場に導入する前の潜在的カニバリゼーションに関して、不協和を低減するいちばん簡単な方法は、新しいビジネスモデルを抑制し、停止や廃止に追い込むことである。

その抑制には2種類あり、1つは既存の部署や外部からの有形無形のプレッシャーであり、もうひとつは新しいビジネスモデルを担当する部署自身が、既存部門に忖度《そんたく》して自ら抑制したり、やめたりすることである。

図表2-2
## カニバリゼーションの作用

| | |
|---|---|
| 導入前 | ①新しいビジネスモデルの抑制、停止 |
| 導入後 | ①新しいビジネスモデルへの横やり→抑制<br>②従来型ビジネスモデルの売上減少 |

前者に関しては、事例はやや古くなるが、日本のテレビ局の開局時の例がわかりやすい。日本のテレビ局はラジオ局を母体としている企業が多いが、テレビ放送の開始にあたっては、ラジオ局から十分な資源が投入されず、映画界からも仕事が奪われると横槍《よこやり》が入った。人材面でもエリート社員はラジオ局に残り、はぐれ者、お荷物のような人たちがテレビ局に移ったと言われている。[*2] ちなみに、TBSの当時の正式名称は、「ラジオ東京テレビジョン」という珍妙なもので、ラジオ局の一部という位置づけであった。

さらに、テレビ放送が始まった当初、大手映画会社は〝五社協定〟を結び、売れっ子の映画俳優をテレビに出演させないようにした。このようにして、ラジオや映画とカニバリゼーションを起こす可能性があるテレビを、業界ぐるみで抑え込もうとしたのである。

後者の例としては、ソニーが音楽配信に進出しようとしたときに、「CDが売れなくなると訴える抵抗勢力が強く、携帯電話の〝着うた〟レベル（の音質）にとどまっていた」[*3]いう例もある。ソニーはＣＤの基本特許を握っており、ＣＤの売上げも大きかったからである。

また単一企業の事例ではないが、企業グループの忖度の事例も挙げられる。かつて三菱グループには、化学系の会社が多数存在していた。三菱化成、三菱樹脂、三菱レイヨン、三菱油化などが代表的な会社であったが、事業領域が隣接しているため、どこかが新事業を始めようとすると、他社の事業とカニバリゼーションを起こすおそれがあった。そのため各社が忖度して、すき間領域に進出することに遠慮があった。

対して同じ財閥系の住友グループには、化学の大手は住友化学ぐらいしかなく、比較的自由に新事業に進出できた。

## ⑤上市後のカニバリゼーション（顕在的カニバリゼーション）

新しいビジネスモデルを市場に導入したことによって、既存のビジネスモデルから明示的・暗示的横槍が入り、新しいビジネスモデルが抑制されるケースと、既存のビジネスモデルが抑制されるケースがある。

前者の新しいビジネスモデルが育たなかったケースとして、メインフレームを生産・販売していた大手コンピュータ・メーカーが、時代の流れはクラウドに向かうと考えて、社内でクラウド事業を立ち上げた例が挙げられる。しかしメインフレームの売上げのほうがクラウド事業よりも圧倒的に大きかったため、多くの経営資源を新事業に振り向けようというモチベーションが働かず、クラウド事業は大きく育たなかった。

ちなみに現在、クラウド事業での世界の2強は、メインフレーム事業を行っていなかったアマゾンとマイクロソフトである。

後者は、カニバリゼーションの結果、新しいビジネスモデルに既存の事業が食われ、売上げを減らしていくことである。第1章で見たように、アドビはサブスクリプション方式でソフトを売るビジネスモデルに転換したが、それによって売り切りモデルの事業は徐々に売上げを減らしていった。

新しいビジネスモデルによるカニバリゼーションが、実際の事業に与えるマイナスの影響としては、以下の４つが挙げられる。

①売上げ・利益の減少
②販社、代理店の売上げ・利益の減少
③生産設備の稼働率低下、原価上昇
④従業員のモチベーション低下

第一に、売上げ・利益の減少が挙げられる。これは最も直接的な影響であり、そこからカニバリゼーションの強さを測ることができる。第1章で述べたように、既存事業と代替性の高いビジネスモデルが登場した場合、負の影響はより大きくなる。

第二に、製品・サービスの販売を委託している販売会社、代理店の売上げ・利益の減少が挙げられる。特に、既存のビジネスモデル事業の比率が大きい販社・代理店は、大きな打撃を受ける。

例えば、米国のレンタルビデオ会社のブロックバスターは、ネットフリックスを追撃するためにブロックバスター・オンラインを始めた。そのときに、既存の店舗経営者に対し、顧客にオンラインサービスを勧めるよう要請した。しかし、それが自分の首を絞めることになるとわかった店舗経営者は、要請に従わなかった。[*4]

新しいビジネスモデルを伴う事業においては、売り方が従来とは異なることも多く、それまで製品・サービスを販売していたチャネルが、同程度の売上げ・利益を確保することが困難になる。そのため、販社や代理店からの苦情・陳情を受けた営業担当者が、社内で新しいビジネスモデルに反対する声を上げることもめずらしくない。

第三に、単に売り方だけの変更であれば問題は生じないが、製造の仕方も変わる場合には、既存の製造設備の稼働率が下がり、サンクコストが生じ、原価の上昇も招く。

最後に、会社の経営層の関心が新しいビジネスモデルに向かっていることを従業員が察知すると、既存のビジネスモデルに従事している従業員のモチベーションが低下する。そのため、自身の雇用や配属転換、転勤などへの不安が高まり、新しいビジネスモデルに反対する声につながることもある。

後で詳しく述べるが、現在は終活ポータルを運営する鎌倉新書では、トップ・マネジメントがネット事業に注力すると宣言したところ、祖業を支えた書籍編集部員の多くが、一挙に退職してしまった。

## 誰がカニバリゼーションを意識するのか（Who）

次に、既存のビジネスモデルを食う可能性のある新しいビジネスモデルが登場したときに、誰がカニバリゼーションを意識するのかを、４つの階層で見ていこう

図表2－3
カニバリゼーションを意識する視点

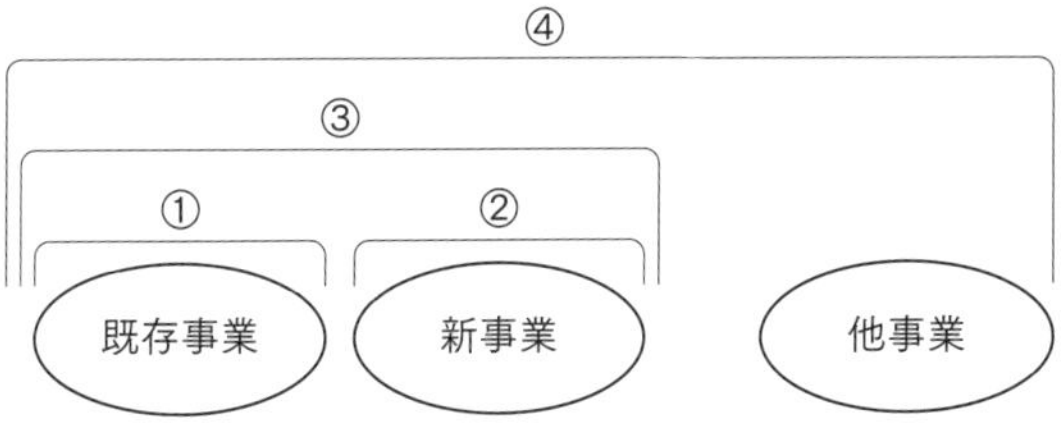


出所：筆者作成

（図表2－3参照）。

## ①既存ビジネスモデルの担当者／責任者

まず、既存のビジネスモデルに従事している担当者および損益責任者（通常は部長、事業部長）が挙げられる。彼ら彼女らはカニバリゼーションを最も恐れる当事者になる。新しいビジネスモデルによって、担当する事業の業績が悪化する可能性が高いからである。

特に、新しいビジネスモデルと既存ビジネスモデルの代替可能性が高ければ高いほど、自部門の業績悪化をなんとか食い止めようと必死になる。本来であれば、営業を強化して防衛するのが正攻法であるが、社内政治に働きかけて新事業の芽を摘んだり、妨害をしたりすることも十分に考えられる。

その際に、

「既存事業をつぶす気か？」

「既存事業に投資したほうが、リターンは大きくなる」

「既存事業が儲かっているのに、新事業進出は時期尚早では？」

「新事業は短命かもしれず、既存事業のほうが堅実」

「既存事業の雇用を守れ」

「既存事業の顧客にどう説明すればよいのか？」


といった声を上げて抵抗する。

### ②新しいビジネスモデルの担当者／責任者

次に、新しいビジネスモデルの事業担当者またはその責任者（通常は部長、事業部長）が挙げられる。

彼ら彼女らは既存のビジネスモデルを食う側なので、本来は何も意識する必要がない立場にある。しかし、新卒一括採用、長期雇用、ジョブローテーションなどが一般的な日本の伝統的大企業では、社員間の親密度も高く、既存のビジネスモデルに従事する「知り合い」の業績を悪化させることに対し、罪悪感のような微妙な感情が生まれる。

新事業が大成功すれば、既存事業は解散か売却に追い込まれるかもしれない。「自分のせいで、同僚を窮地に追い込んでよいのか」という自責の念も生まれるかもしれない。近い将来、新しいビジネスモデルへの転換が全社的に打ち出されているような場合には、それはいっそう強くなる。

そのため、

「既存事業への投資を犠牲にしてまで、新事業を始めてよいのか？」
「既存事業の〝金のなる木〟を奪ってしまうかもしれない」
「新事業がうまくいけば、社内から足を引っ張られるのではないか？」
「既存事業となんとか両立できる方法はないか？」

というような懸念が生じ、新しいビジネスモデルの推進を躊躇してしまうような気持ちが生まれるのである。

## ③既存ビジネスモデルと新ビジネスモデルの統括者

三番目に、既存のビジネスモデルと新しいビジネスモデルの両方を統括する事業責任者（通常は事業部長、事業本部長）が挙げられる。彼ら彼女らは、事業部門トータルで売上げ・利益を拡大する責任を負っているが、新旧ビジネスモデル間での資源配分や、評価の仕方が課題となる。

既存のビジネスモデルだけならば、資源の投入先は1つでよいし、評価も既存の尺度を使えばよい。しかし、新しいビジネスモデルが加わると、まずヒト・モノ・カネの資源配分の問題が生じる。

既存のビジネスモデルなら、1単位余計に資源を追加投入することによって、どのくらいのリターンが増えるかを予測できるが、新しいビジネスモデルの場合は未知の要素が大きい。必要以上の投資をして事業本部全体の利益率を下げてしまうと、既存のビジネスモデル部門から反発が出るうえ、トップ・マネジメントから叱責されるかもしれない。一方、新しいビジネスモデルへの投資を絞りすぎると、競争に勝てない。1つの財布の中で、未知と既知への配分が求められるのである。

また、新しいビジネスモデルに対する評価の尺度についても、既存のビジネスモデルと同じでよいのかを考えなくてはならない。既存のビジネスモデルと同じ尺度で評価すると、新しいビジネスモデルが育たないばかりか、殺してしまうことにもなりかねない。メインフレームのような売上げの大きさだけで評価していると、クラウド事業はなかなか大きくならない。

しかし、既存モデルとまったく異なる評価尺度を採用すると、新旧のモデル間での比較ができず、事業部門内で混乱を生みかねない。

さらに、新しいビジネスモデルが既存のビジネスモデルの売上げ・利益を食った場合、それぞれの人事評価をどうすればよいかという問題に直面する。本来、人の評価と事業の評価は別にすべきであるが、新旧モデルの担当部長、事業部長の人事考課を行う際には難問となる。

そのため、

「食う事業と食われる事業のバランスを、どう取ればよいのか？」

「既知の事業と未知の事業への資源配分が難しい」

「赤字部門の評価を下げ、黒字部門を高く評価すれば、それでよいのか？」

「新事業を既存事業と同じ尺度で評価してかまわないか？」

といった悩みが出てくる。カニバリゼーションが引き起こすこうした問題が、経営判断を誤らせてしまうこともある。

### ④トップ・マネジメント

最後は、全社に責任を持つトップ・マネジメントである。彼ら彼女らは全社の損益に責任を負っているため、個々の事業のカニバリゼーションよりも、全社的・長期的に会社を発展させていくことに意識を向けている。そのため、物事を判断する時間軸は、事業部長のそれよりも長い。

カニバリゼーションの問題も、1～2年の短期で考えるのではなく、中・長期的視点で捉え、一時的な売上げ・利益の減少に対しては、目をつぶる覚悟も必要であろう。最近は株主からの圧力が強くなってきたので、完全には目をつぶれないかもしれないが、株主を説得できるだけの長期ビジョンを示せれば、株価への影響は最小にできる。

以上の4つの層でカニバリゼーションを意識することになるが、その強さの程度は①既存ビジネスモデルの担当者・管理者が最大で、影響も大きい。②新しいビジネスモデル部門の管理者が意識するカニバリゼーションの大きさは①よりは小さいが、企業風土や人事システムなどと深く関係する。

そして③、④と階層が上がるにつれて、カニバリゼーションの問題はコントロールラブルになっていく。すなわち、カニバリゼーションの問題を解決するキーマンとして、トップ・マネジメントに負うところが大きいと言えよう。

## どのような事業がカニバリゼーションを生むのか（What）

### 事業ドメインが同じか違うか

既存のビジネスモデルをやめて、新しいビジネスモデルでまったく違う事業を始める〝本業転換〟を行った企業も少なくない。図表2-4に挙げたように、エアウィーヴ（旧社名：中部化学機械製作所）が押出成形機から寝具の会社に転換したり、DHCのように、翻訳業から化粧品の製造販売に転換した例が該当する（ちなみに同社は今日でも翻訳業を行っている）。

このような事業ドメインの変更を伴うビジネスモデル転換に関しては、カニバリ

図表2-4
“本業転換”の例

| 企業名 | オリジン事業 | 現事業 |
|---|---|---|
| エアウィーヴ | 押出成形機 | 寝具 |
| DHC | 翻訳業 | 化粧品、健康食品 |
| サンリオ | 絹の販売 | キャラクタービジネス |
| 宝島社 | 地方公共団体のコンサルティング | 出版 |
| マツダ | コルクの生産 | 自動車 |
| ヘンミ計算尺 | 計算尺 | 電子部品 |
| ブリヂストン | 地下足袋 | タイヤ |

出所：筆者作成

ゼーションは発生しにくい。会社そのものが変わり、市場も変わってしまうので、新旧ビジネスモデルを比較する意味がないからだ。

カニバリゼーションが問題となるのは、同じ事業ドメインの中でビジネスモデルを変革する場合である。そのため本書ではこれ以降、同じ事業ドメインの中でのカニバリゼーションに焦点を当てていく。（図表2-5参照）

## 新旧ビジネスモデルの関係

同じ事業ドメインの中でも、既存のビジネスモデルと新しいビジネスモデルの関係

図表2-5
**ビジネスモデルの変革と事業ドメイン**

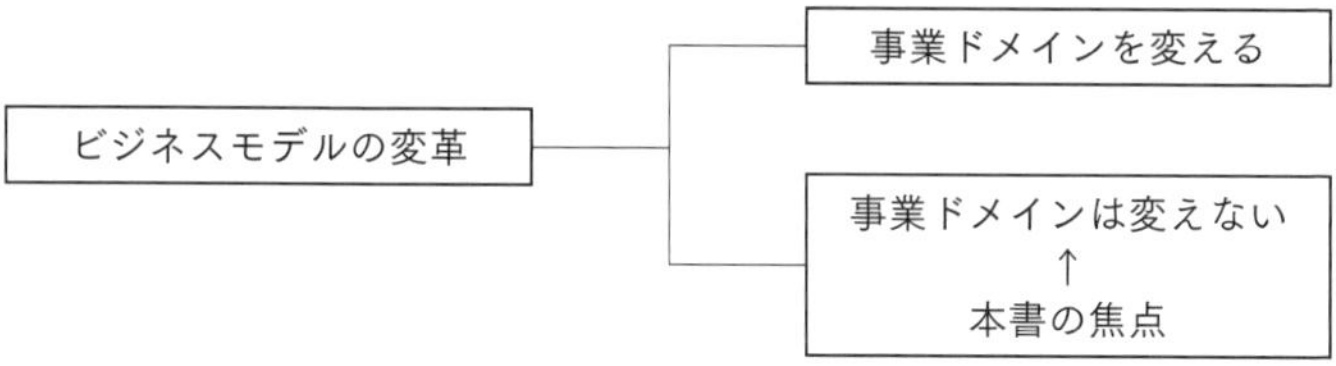


によって、カニバリゼーションの内容は変わってくる。その関係は次の3つに大別できる。（図表2－6参照）

## ①置換

置換（replacement）とは、新しいビジネスモデルが比較的短期間のうちに、既存のビジネスモデルと置き換わっていくパターンである。例えば、デジタル化の流れの中で紙媒体が電子媒体に変わったり、流通の仕組みや課金の仕方が変わるようなケースである。

海外の事例としては、ネットフリックスやアドビが挙げられる。ネットフリックスは、郵送ＤＶＤレンタル企業として店舗ＤＶＤレンタルのブロックバスターを追撃していたが、やがて郵送をやめてオンラインでの映像配信に転換した。アドビは、画像編集パッケージソフトのトップ企業であったが、２０１３

図表2-6

新旧ビジネスモデルの関係

| |
|---|
| ①置換（replacement） |
| ②併存（coexistence） |
| ③共生（symbiosis） |

年にパッケージソフトの販売をやめ、ダウンロードによるサブスクリプション・モデルに転換した。

第3章では、日本企業の例として、紙媒体から電子媒体に転換したリクルート、情報誌からチケットポータルに転身した「ぴあ」を取り上げて解説する。

## ②併存

併存（coexistence）とは、新しいビジネスモデルが導入された後も、既存のビジネスモデルが継続されるパターンである。新しいビジネスモデルを立ち上げたものの、既存のビジネスモデルの収益性が高く、両方のビジネスを継続したほうがよいとの経営判断に基づく。

海外の事例としては、マイクロソフトの統合ソフト「オフィス」が典型例である。オフィスはパッケージ販売から始まったが、後に、新品のパソコンに出荷前にソフトを搭載するプリインストール戦略を採用した。それに加えて2011年からは、オンラインでソフトを提供するサブスクリプション課金（マイクロソフト365）も開始した。同社は、パッケージ販売、プリインストール、サブスクリプションの3つのビジネスモデルを今も併存させており、多様なユーザーニーズに応えようとしている。

日本企業の例としては、紙媒体と電子媒体を併存させている凸版印刷、プリンターにおいて従来の消耗品モデルに加えて大容量インクタンク搭載モデルを投入したエプソンを次章で取り上げる。

### ③共生

共生（symbiosis）は、もともとは植物学から生まれた言葉であり、「異なる生命体が一緒に生活すること」[*5]を指す。共生は、寄生（共生者が利益を得ることで宿主に害が及ぶケース）、片利共生（共生者だけが利益を得て、宿主は有害でも有益でもないケース)、相利共生(双方に利益が生じるケース)の3つを包括する概念である。
共生は、既存のビジネスモデルがあるからこそ新しいビジネスモデルが存在でき、新しいビジネスモデルも既存のビジネスモデルにポジティブな影響を与えるパターンである。新しいビジネスモデルを立ち上げるために既存モデルの資源を活用しており、既存モデルがあるからこそ競争優位を築くことができる。「併存」と異なるのは、新旧のビジネスモデルがあることで、双方のビジネスが成り立っている点にある。

海外の事例としては、アマゾンのマーケットプレイスが典型である。マーケットプレイスはアマゾン本体が扱っている商品カテゴリーにおいて、第三者の業者が自社商品を販売する仕組みである。マーケットプレイスに出品する業者にとっては、アマゾンのブランド力を借りることによって、多くの消費者に販売するチャンスが広がる。
一方、アマゾンにとっては、どんなメリットがあるだろうか。単純に考えれば、アマゾン本体とのカニバリゼーションが必至である。それでもアマゾンはマーケットプレイスを開始した。実はマーケットプレイスがあることで、アマゾン本体は売れ筋商品に在庫を集中することができる。すなわち、アマゾンのサイト全体としては豊富な品揃えを維持しながらも、効率の悪いロングテール部分をマーケットプレイスに任せるわけだ。

もしマーケットプレイスをやらずにロングテール部分をカットすると、アマゾンの品揃えは激減し、競合するECサイトに比べて魅力が落ちてしまう。それを避けるためにアマゾンはマーケットプレイスを導入し、品揃えの分業を可能にして、売上げや利益率の向上を目指したのである。

日本企業における共生の例として、ガスを供給する一方で顧客に省エネサービスを提供する東京ガス、タイヤの張り替えサービスであるリトレッドと新品タイヤを共生させているブリヂストン、子会社の格安航空会社との共生を図る全日本空輸を次章で取り上げる。

## ④置換と併存の違い

最後に、置換と併存について、補足しておこう。両者の違いは、既存モデルから新モデルへのリプレースの期間の長さの違いと捉えることもできる。すなわち、置換においてはカニバリゼーションの発生以降、比較的短期間に既存モデルから撤退し、新規モデルだけに集中する。一方併存は、長い期間両者を併存させた後に、既存モデルから手を引く余地も残している。

ちなみに、既存のビジネスモデルを残すか否かは、企業の戦略次第である。たとえばアドビはパッケージ販売をやめてサブスクリプションに集中したが、一方でマイクロソフトは現在のところ、パッケージ販売とサブスクリプションを併存させている。

注

＊1　池田謙一・唐沢　穣・工藤恵理子・村本由紀子（2019）『社会心理学　補訂版』有斐閣

＊2　池上　彰（2018）『知の越境法』光文社

＊3　丸山茂雄「私の履歴書」日本経済新聞　朝刊　2022年7月27日

＊4　Keating G.（2012）*Netflixed：The Epic Battle for America's Eyeballs, Portfolio*（牧野 洋訳（２０１９）『ネットフリックス帝国の野望』新潮社）

＊5　de Bary H.A.（1879）*Die Erscheinung der Symbiose：Vortrag gehalten auf der Versammlung Deutscher Naturforscher und Aerzte zu Cassel*,Verlag an Karl J. Trübner

# 第3章

# ビジネスモデルのカニバリゼーションの解決事例

# ビジネスモデルの置換におけるカニバリゼーション

## リクルート：情報誌のウェブ化とインディード

### ①デジタル化の夜明け

リクルートでは、1990年代前半に社員が米国視察に行き、ヤフーやインターネットの存在に注目した。帰国後、役員報告などを行ったが、当時は報告にとどまっていた。

その後、社内にメディアデザインセンターという超未来的な組織が設置され、95

年に、「ミックスジュース（Mix-Juice）」というポータルサイトを開設した。これは、商用では日本初の実験的な試みであった。そこでは、就職・転職、住宅、学び、車、旅行、金融などの情報を発信していたが、実質的にはリクルートのサービスをネットで紹介するものであった。

当時、インターネットは無料のネットワークとして紹介されていたが、「無料が広がっていくと、リクルートのビジネスはどうなるのか」という危機意識が芽生えてきた。リクルート社内にはパソコン通信のネットワークがあり、そのフォーラムでも、「ネットが普及したらリクルートはどうなるのか」に関して、職位に関係なく意見が交わされた。社内では「紙の収益がネットに食われる」という、カニバリゼーションへの不安が高まった。

そうした動きを受け、新卒者向けの求人誌や住宅情報誌では、CD－ROMで情報を届ける仕組みを始めた。これは料金を取らなければ流通できないため、有料とした。

リクルートはインターネットの普及前から、情報の電子化に熱心だった。例えば1992年にはパッケージソフトやマッキントッシュ用のデモソフトの全集を出したり、ウィンドウズ95発売の前年には、賃貸の住宅情報「ふぉれんと」をウェブで検索できるようにしていた。

## ②マッチング・ビジネスの会社へ

こうした流れの中で、「リクルートは何の会社なのか」を再定義することになった。かつてのリクルートは「情報誌の会社」であったが、今後の潮流を踏まえて、「マッチング・ビジネスの会社」に再定義した。マッチング・ビジネスのベースにプラットフォームがあり、リクルートがプラットフォーマーになることを目指すことにしたのである。

インターネットが普及すると、やがてはクライアントとユーザーが直接やり取りするようになるかもしれないが、当面はネット上でも仲介者が必要であり、その役割をリクルートが担うことを再確認した。

図表3-1
リクルートのリボンモデル

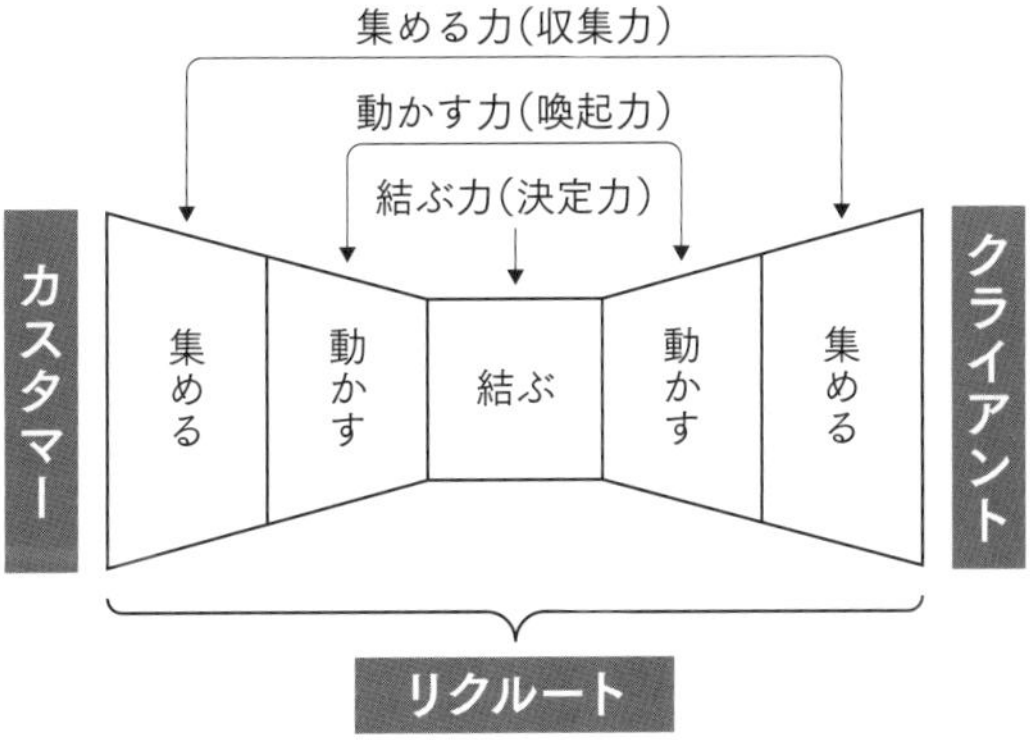


出所：杉田（2017）

### ③リクルートのリボンモデル

リクルートのビジネスモデルは、紙媒体の時代もウェブの時代も変わっていない。片側に情報提供者で広告主としてのクライアントがおり、片側に必要な情報を得て何らかのアクションを起こそうとする消費者がいて、両者をどうマッチングするかというリボンモデルが基本である。

情報のジャンルは求人、住宅、結婚、旅行、中古車、飲食、美容など多岐にわたっているが、ビジネスモデルの基本はすべてこのリボンモデルである。

紙の時代のリクルートは、消費者に向け

て情報誌を作り、届けていた。祖業である新卒求人誌の場合は、大学4年生の名簿を入手し、学生の自宅に部厚い会社紹介誌を無料で送付した。住宅や中古車、旅行など、顧客の名簿を入手できない事業では、書店やコンビニに雑誌を置き、それを廉価で販売していた。価格をつけなければ書店での販売ができないため、300円ほどの安価な値づけがされたが、これは原価とは関係がなかった。

その後、駅の構内などに無料誌のラックを置くようになったが、本質はリボンモデルであることに変わりがなかった。そして、ウェブ媒体になった今日でも、リボンモデルをベースにしている。[*1]

## ④リクナビの登場

こうしたマッチング・ビジネスの考え方を受けて動き出したのが、リクルートの中で最大の売上げを誇っていたHR（人材）事業であった（当時は社内で「広告事業」と呼ばれていた）。

新卒求人誌を例に取れば、リクルートの強みは、大学生の名簿をゼミや研究室単位で集める仕組みにあり、大学の就職部もリクルートに協力的であった。ところが、

2005年に個人情報保護法が施行されて、学生の名簿を入手することが難しくなった。それに先行して登場したのが就活情報のウェブサイト「リクナビ」(1996年開始。当初の名称はRB on the NET)である。

学生は就職活動解禁と同時にリクナビに登録するようになり、そこで得られる情報が、リクルートにとって名簿替わりとなった。当時、就職サイトはリクナビしかなく、個人情報保護法施行後も、リクルートは全国の大学の就職希望者のリストを手に入れられたのである。

よく「イノベーションは辺境から」と言われるが、リクルートにおいては逆に、紙媒体で最大の売上げを得ていたHR事業からウェブ化が進んだ。求人は景気の影響を受けやすく、売上げのボラティリティが高い。当時は景気が悪く、事業部としても何らかの手を打つ必要に迫られていたからであった。

HR事業については、毎日コミュニケーションズや日本経済新聞社が参入して競合が増え、価格競争になることが予想され、売上げが減ることは確実と考えられていた。とはいえ、何もしなければ他社に取られてしまうことから、ネット化を進めることにした。現実には、2001年に1000億円あった情報誌の売上げが、03年には5分の1になった。

当初のリクナビは、①リクナビから企業のホームページへのリンク、②ウェブエントリーが可能、③エントリー者の管理、の3つの機能を持っていた。1社当たりの費用は60万～120万円程度であり、紙の情報誌への広告費に上乗せする形であった。紙を全面的に廃止してリクナビだけに変更した企業はなかった。

リクルートでは、ネットの時代になると、①制作コストは安くなる、②顧客から受け取れる単価は下がる、③競合は増える、と予想していた。

実際には、①と③は予想どおりになったが、②は予想が外れ、1社当たりの単価は下がらなかった。これには、次項に述べるような理由があった。

## ⑤ウェブ化とクライアントの反応

雑誌からネットに転換したことで学生の反応数が増えた。新卒求人の場合、情報誌の時代には企業に資料請求するために、1枚ずつ葉書きを手書きしなくてはならなかったが、ネットになると、1つたたき台を作れば何十社でも手間をかけずに送信できることから、資料請求の絶対数が増えたのである。したがってリクルートに値引きを要求するようなクライアント企業は少なかった。

値引き要求が出なかった第一の理由は、従来、クライアントが広告効果を評価する指標は志願者数や資料請求数などであったが、雑誌がネットに代わっても指標は変わらなかった。クライアントにとっては、紙媒体であれネットであれ、効果が変わらなければ同じ料金を払うことに抵抗感を覚えることはない。ネットのコスト構造を尋ねるようなクライアントはほとんどおらず、逆にウェブ経由でどんどん集まる資料請求にどう対応すればよいかを問い合わせる声のほうが多かった。

リクルートではクライアントに対し、情報誌とネットの両方で出稿を依頼したものの、当初はネットの広告料は取らなかった。やがてネットの効果が見えてくると情報誌とネットの両方で広告料をもらうようになり、徐々に紙からネットに置き換えていった。

第二の理由として、リクルートの営業担当者の評価指標が変わらなかったことがある。紙の広告を取ってきても、ウェブの広告を取ってきても、同じように評価されたのである。紙とネットの間でカニバリゼーションが起きうる状況であったが、営業の評価においては問題視されなかった。

リクナビを開始してから、営業の評価はトータルの売上目標とリクナビの売上目標の2本立てとなった。リクルートではそれまでも、新事業を始める際に、その立ち上がりをサポートするために、営業の評価を2本立てにすることが多かった。

トータルの売上目標だけにしてしまうと、リクナビを大幅に値引きして、トータルの売上げを増やそうとする営業担当者が出るかもしれない。また、リクルートには昔から「決めたらやる風土」があることも、リクナビ強化の追い風になった。

## ⑥イサイズの登場

リクルートは当初、各事業部の中で個々にウェブ化を進めようとしていた。しかし1997年に全社組織として「電子メディア事業部」を設置した。その社内的要因としては、各事業部が進めるウェブ化を束ねて運営する組織が求められたことがある。

一方、外的要因としては、1998年に登場したヤフーのポータルサイトに刺激を受け、こうしたポータルサイトこそリクルートが目指すべき事業ではないかという声が社内で高まったことがある。

会社の本気度を示すために、電子メディア事業部には各事業部から選抜されたメンバーが集められた。

リクルートは事業部ごとのタテ割りが強かったが、「ゼクシィで結婚式を挙げたら、じゃらんで新婚旅行をして、住宅情報で住宅を探す」という連携ができれば、カスタマーを囲い込めるのではないか、という議論も社内でされていた。

そこで1999年、電子メディア事業部で全社横断的なウェブサイト「ＩＳＩＺＥ（イサイズ）」が立ち上げられた。イサイズには、求人、結婚、旅行、中古車、住宅などの情報を、1つのブランドの下に統合しようという狙いがあった。

## ⑦分野別に違いのあるウェブ化

しかし、イサイズは2002年に事実上終了した。その理由はいろいろ考えられるが、イサイズはリクルートのコンテンツの集合の入口にすぎず、ヤフーのように世の中全体の入口ではなかった。また、リクルートの提供するサービスですべて囲い込まれるようなカスタマーは、それほどいなかったのである。

さらに、リクルートはもともと事業部の力が強く、効果が見えにくい全社ポータルサイトよりも、自分たちで独自に進めたほうがよいという意識が勝った。その結果、各事業部が主体となってウェブ化を進めることになった。

とはいえ、イサイズによって各事業部のウェブ化に関して、インフラの統一がなされたことは大きな成果であった。それまではサーバーの運営などは、事業部ごとにバラバラに行われていたからだ。

その後リクルートのウェブ化は、スペック（形式情報）だけで意思決定できる求人、賃貸住宅、中古車などは雑誌からの代替が急速に進んだが、写真や雰囲気などの情緒情報が必要な結婚、旅行系の雑誌は、ウェブへの移行はゆっくりであった。すべての分野で一律移行したわけではなく、HR事業は地域求人誌『タウンワーク』以外はほぼウェブ化されたが、旅行の『じゃらん』、結婚の『ゼクシィ』[*2]、住宅の『Ｓｕｕｍｏ』は紙媒体とウェブが併存していた。

ウェブ化に関しては、HR系（求人）と販促系（旅行、中古車、不動産など）で、営業のスタイルや利益率が異なっていたことも影響した。

リクルートの祖業であるHR系は、競合企業は多かったもののリクルートのブランド力は強かった。しかし、クライアントが広告効果を判定することは難しかった。住宅なら「何軒売れれば成功」という共通指標を持ちやすいが、人材は単に人数だけでは測れず、「優秀な人材を1人でも採れれば、1千万円出しても高くない」という声も聞かれた。そのため、社長に夢を語らせて優秀な人材を引き寄せる〝セレンディピティ採用〟を可能にした営業マンが優秀と評価されていた。

一方、販促系は業界構造的に利益率が低く、いかにPDCAを速く回すかで評価されていた。例えば旅行分野では、「顧客が旅行を決めたら、予約までできないとダメなのでは」という声もあり、それが「じゃらんネット」の早期立ち上げの原動力になった。

## ⑧ウェブ転換への原動力

リクルートがウェブ化を自力で進められた背景に、優秀な理系社員が多数いたことは見逃せない。過去にさかのぼると、リクルートはスーパーコンピュータ「クレイ」の購入を決め、回線リセール事業（ＩＮＳ事業）やコンピュータの時間貸し事業（ＲＣＳ事業）などを１９８５年から開始した。そのために、１９８５年頃から理系の人材を毎年１０００人近く採用してきた。

しかし、通信キャリアが通信料を値下げしたために利幅がなくなり、回線リセール事業から撤退した。それによって多くの理系人材が仕事を失ったが、多くが退社せずに各部署で仕事を続けていた。

その彼ら彼女らが電子メディア事業部に招集されたり、事業部内でウェブ化を主導したおかげで、短期間のうちにビジネスモデルを変えることができたのである。

また、「紙媒体とウェブのどちらが効果的か」という効果検証においても、データに基づく意思決定が得意な理系人材の力が発揮され、勘と経験からではなく、エビデンス・ベースの合理的な意思決定がなされた。これには「かっこいい広告」よりも「効果がある広告」を追求する、リクルート創業以来のDNAも強く作用したと言える。

リクルートは創業期から、社長の江副浩正を筆頭に、教育学や心理学出身の人間が経営陣に多くいて、効果測定に関しては強いこだわりを持っていた。そのため、「紙とウェブ」に関する効果についても、事業ごとに厳しく判定していた（全社一律のウェブ化を行わなかったのも、それが影響しているのかもしれない）。

情報誌は競合企業が多くいたため、顧客への説得材料として「数字」にこだわったこともリクルートの特徴であった。

## ⑨インディードの買収

紙とウェブのカニバリゼーションの次にリクルートが直面したのが、リクルート本体のＨＲ事業と、米国インディード（Indeed）のビジネスのカニバリゼーションである。

インディードは求人情報に特化した検索エンジンであり、世界中の求人情報を収集している。日本でも月間訪問者数が３４６０万（２０２０年1月時点）を数える、世界ナンバーワンの求人検索エンジン（リサーチ会社 comScore 調べによる ２０２０年3月総訪問数）である。

インディードへの求人情報の掲載は無料であり、企業は「初期費用」「掲載費用」「採用成功報酬」を負担することなく利用することができる。ビジネスモデルとしては、仕事を探している人がクリックした回数に応じて課金される「クリック課金制」をとっている。

インディードは、コンピュータが自動的に求人情報をネットから収集する仕組みと、クライアントが直接入稿できる仕組みの、両方を備えていた。

インディードでは掲載料を無料にする代わりに有料オプションがあり、それで収益を上げる仕組みになっている。有料オプションとは、検索画面の上位に自社の求人情報を表示させることである。いくら無料で求人情報を掲載しても、求職者の目に触れなければ意味がなく、クリックしてもらわなければ次のステップに進めない。検索エンジンにおいて自社の情報に目を向けてもらうには、オプションを利用するしかないのである。

さらにインディードでは、企業情報を発信するための「企業ページ」も無料で利用できる。企業の魅力やクチコミ、給与、写真、質問箱等、求職者に向けて最新の情報を提供することができるのである。

対するリクルートの既存の求人ビジネス（HR事業）は、雇用形態や地域を問わず、企業に求人広告を出稿してもらう広告掲載課金型である。

さらに求職者への情報発信も、リクルートが広く浅く提供するのに対して、インディードは最適化のアルゴリズムにより、カスタマイズした情報を1人ずつに発信できる仕組みになっている。

以上のように、インディードのビジネスは、リクルートのHR事業のディスラプター（破壊的革新者）になりえる存在であった。

インディードは米国を中心とする強力な求人サイトであったが、リクルートは、ディスラプターになるかもしれないインディードを、2012年、M&Aによって取り込んでしまった。

リクルートのDNAとして、「誰かにやられるくらいなら、自らが自らのディスラプターになってやろう」という風土があり、敵を恐れるぐらいなら、自らの中に取り込んでしまうという戦略をとったのである。

そして、リクルートは買収後3年でインディードの売上げを8倍にした。[*3]

## ⑩タウンワークとインディード

インディードは日本国内では、ホワイトカラーよりも、介護や外食など現場第一線の仕事に強く、また都心部よりも地方の求人に強みを持っていた。そうなると、いちばんカニバリゼーションを起こすのが、リクルートの『タウンワーク』だ。タウンワークは、勤務地を重視した求人情報メディアである。

インディードは、M&Aされる前の2004年にインディード・ジャパンを設立し、独自の営業部隊を持っていた。ウェブから情報を集めるだけでなく、営業マンが直接クライアントを開拓していた。

しばらくインディードとタウンワークは真正面から競合していたが、その後タウンワークは、「アイプラス（i+）」という仕組みを作り、インディードとの連携を図るようになった。これは、タウンワークに掲載すると必ずインディードのサイトにも掲載され、かつ優先表示（消費者が探しやすくするもの）されるものであった。

アイプラスは、リクルートグループとしてのシナジーを発揮するものと言えるが、違う見方もできる。すなわち、タウンワーク側としては、アイプラスを採用することによって、クライアントが直接インディードと契約することを防ぐ〝防波堤〟の役割もあったのかもしれない。

## ⑪チャネルにおけるカニバリゼーション

インディードのM&Aによって、リクルートグループでは、社内競合は少なからず起きた。その影響を最も受けたのは、リクルート本体よりも、リクルートの商品を販売する代理店であったかもしれない。

リクルートは、かつては自前の営業マンによる直販を強みとしてきたが、最近では営業を代理店に委ねる傾向が強くなってきた。

インディードの国内への本格参入が引き起こすカニバリゼーションは、代理店にとって大きな脅威となった。リクルートの代理店がインディードの代理店になることも、理論上は可能であったが、当面は競合せざるをえなかった。

最近では、採用目的によってリクルートとインディードを使い分ける賢いクライアントも増えてきており、今後の営業体制によっては、第二のカニバリに発展するかもしれない。

## リクルートがカニバリゼーションを回避できた理由

リクルートがカニバリゼーションを回避できた理由としては、以下の7つが挙げられる。

## ①マッチングという事業定義

リクルートは、創業期こそ情報誌の会社でスタートしたが、早期に自社の事業を、「個人と企業を情報でマッチングする」と定義した。これによって、紙とウェブは対立するものではなく、事業の目的を達成するための、手段の違いにすぎなくなったのである。

## ②カニバリを厭わない風土

リクルートには、「外部にディスラプトされるくらいなら、自ら死神集団（ディスラプター）を抱えてしまう」[*4]という考え方が、創業以来あった。そのために、カニバリゼーションを厭わない風土があった。

グローバルで最大の競合企業であったインディードを買収する戦略は、まさにこの具現化であった

## ③サンクコストがほとんどなかった

リクルートがカニバリゼーションをさほど気にしなかったのは、雑誌事業に関す

るサンクコスト（埋没費用）がほとんどなかったことも関係している。リクルートでは早い時期から雑誌のＤＴＰ（Desk Top Publishing）化を進めており、サンクコストが発生しやすい印刷や物流は、すべて外部に委託していた。そのためウェブ化を進める過程で、資産の減損処理をするようなことは少なかったのである。

## ④出版業の出自ではなかった

リクルートは出版社としての出自ではなかったことから、「紙」へのこだわり、ノスタルジーがなかった。大手出版社が電子書籍を始めながらも紙へのこだわりを強く持っているのに対して、そもそもリクルートは出自が「広告業」であり、それがビジネスモデルの転換にもプラスに働いた。

## ⑤情報誌は〝直販〟が中心だった

『住宅情報』などの情報誌は、そのボリュームの割に価格が安く、出版物の取次業者であるトーハン、日販からは、「割が合わない」として扱いを断られた。そのためリクルートは、宅配便などを使ってコンビニや書店のラックに情報誌を「直販」

していた。こうした経緯があったため、雑誌をやめる際に取次への配慮は必要なかったのである。

### ⑥顧客の対価は「広告費」

リクルートの雑誌は、書店で販売するために定価はつけられていたものの、実態は広告で成り立っている雑誌であった。すなわち、クライアントは雑誌の広告効果に対価を払っていたのであり、雑誌の制作原価に払っていたわけではなかった。

紙からウェブに移行しても顧客が求めるものは変わらず、広告効果で応募者（採用へのエントリーや応募、住宅展示場や結婚式場への来訪など）が増えれば、クライアントは紙のときと同じか、少し高めの対価を支払ってくれた。

そのため、紙からウェブに移行しても、顧客からもらう対価は減らず、業績面での影響はなかった。

### ⑦営業担当者の評価

リクルートでは新事業が立ち上がると、既存の事業・製品とは別立てで評価項目が定められるのが慣例だった。新旧合わせた売上げで評価していると、営業担当者は売りやすいほうを売ってしまい、結果的に新しい事業がうまく立ち上がらないということを、経験から学んでいたからである。
紙からウェブへの転換時も、紙の売上げとウェブの売上げは別立てにされ、営業担当者がウェブにも力を注ぐ動機づけになった。

**注**

＊1　リクルートは2022年の経営戦略説明会で、リボンモデルを「従来型ビジネスモデル」と位置づけ、今後は、リボンモデルにSaaSやフィンテックを組み込んだモデルへと進化していくことを表明した。詳しくは、https://recruit-holdings.com/files/ir/ir_news/upload/20220712_ps_jp.pdf
＊2　「ゼクシィ」に関しては、戻り葉書きの枚数だけでは評価指標として不十分であり、式場への来訪者数がKPIであった。詳しくは、左掲（＊3）の文献を参照。
＊3　杉田浩章『リクルートのすごい構〝創〟力』日本経済新聞出版社、2017年
＊4　＊3と同じ。

## ぴあ：情報誌からチケットポータルへ

### ①ぴあの創業

1972年、月刊情報誌『ぴあ』が創刊された。『ぴあ』は、上映映画、映画館、上映時刻が一覧できる雑誌であり、映画を観に行きたい人の必需品になった。『ぴあ』が創刊される前、映画の上映情報は、新聞に三行広告の形で掲載されていたが、それは一部の名画座系映画館のみであった。映画ファンは『キネマ旬報』などを読んでいたが、すべての映画館が網羅されているわけではなかった。『ぴあ』には、映画だけでなく、演劇、コンサート、展覧会などのカルチャー情報が、1カ月分まとまって掲載されていた。

1974年にぴあ株式会社が設立され、イラストレーター及川正通氏（1975年から）の描く表紙は、若者に愛され、読者が投稿する「はみだしYOUとPIA」コーナーがページの脇に設けられ、隠れた人気となった。また『ぴあ』を持参すると映画料金が割引になるサービスを始め、これは名画座の観客動員に貢献した。

1979年には月刊から隔週刊になり、さらに駅のキオスクでの販売も始まった。最盛期の1980年代には、『ぴあ』の発行部数は50万部を超え、東京、関西、中部の各地区の『ぴあ』を合わせると、100万部の発行部数を上げており、当時は20〜30万部売れれば〝売れている雑誌〟と言われていたが、それをはるかに超える部数であった。

『ぴあ』の競合誌としては、関東では『シティロード』（1971年に『コンサートガイド』の名で創刊、1975年に改称、1982年に休刊、エコー企画）、関西では『プレイガイドジャーナル』（1971年創刊、1987年休刊、プレイガイドジャーナル社）などがあった。『シティロード』が、映画・演劇誌によくある批評を交えて作品を薦める作りであったのに対し、『ぴあ』は徹底的に批評を排した〝客観的な情報誌〟と言えた。これが読者との〝対等性〟を生み、若者に支持された。専門家からは、『ぴあ』は「物言わぬ情舌誌《じょうぜつし》」と評されていた。

後に角川書店が、1990年に『東京ウォーカー』（週刊）を発刊し、ぴあと肩を並べる部数となった。それによって映画情報誌の市場も拡大し、『ぴあ』の部数は落ちなかった。『ぴあ』も情報量の増加と速報性に対応するため、隔週刊から週刊になった。なお『東京ウォーカー』は、2020年6月で休刊した。

## ②第二の創業

従来、音楽や演劇等、エンタメのチケットは、プレイガイドと呼ばれるチケット販売店を訪れ、そこで主催者から預けられた原券を購入する仕組みであった。プレイガイドが近くにない消費者は、チケットを買うためにわざわざ遠出しなくてはならず、また人気のコンサート等では、プレイガイドに発売日前夜や早朝から行列ができていた。

1980年代前半にぴあは、それまでの出版業から、「情報伝達業」に自社を規定し直した。

ぴあの第二の創業と言われているのが、1984年に開始された「チケットぴあ」

である。これは日本初のコンピュータ・オンラインネットワークによるチケット販売サービスであり、イベントのチケットを購入するスタイルを一変させた（実証実験は1983年、劇団四季の『キャッツ』のチケットから始まった）。

チケットぴあは、プレイガイドの競合と見られた。チケットを売るという本業を奪われるからであった。プレイガイドからは、「我々の商売を横取りする気か」[*1]との抵抗も見られたが、ぴあは、長年の付き合いのあるプレイガイドを協業パートナーと考えた。そのため、プレイガイド店舗内にチケットぴあの発券端末を置くようにした。これによって、当該店舗が扱っていないチケットも店舗で発券できるようになり、そうして売れたチケットに関しても、ぴあからプレイガイドに手数料を払うようになった。すなわちぴあは、プレイガイドとウィンーウィンの関係を築いたのである。

その後、1980年代後半までに、プレイガイド各社のオンラインシステムが確立した。これによって、『ぴあ』などの情報誌で情報収集し、プレイガイドでチケットを予約・購入・発券するというスタイルが定着した。オンライン・チケット・

ポータルの競合としては、「ローソンチケット」(ダイエー系)、「イープラス」(クレディセゾン、ソニー系)、「CNプレイガイド」(ビッグホリデー系)などが大手であった。

チケットぴあと同時に、会員組織である「ぴあカード」の発行も始めた。

1997年には、インターネット上の情報サイト「@ぴあ」を立ち上げ、2002年にはホームページを大幅に拡充した。当初は、『ぴあ』本誌に載った情報を、時間をおいてサイトに上げるものであったが、担当者はトップ・マネジメントから、「『ぴあ』が要らなくなるように作るつもりで」[*2]と指示された。

情報誌『ぴあ』と「@ぴあ」は、しばらく共存していた。「@ぴあ」には発券機能がなかったため、直接カニバリゼーションは起きなかったが、1つ大きな課題が発生していた。それは、情報公開日に関するものであった。

当時のチケットは先着順販売のものが多く、消費者にとっては、いつから発売になるかはきわめて重要であった。興行主の中には、『ぴあ』の発売に合わせてチケットの発売日を決めていたところも多く、『ぴあ』が発売されるまでその情報は公開されなかった。

一方、「@ぴあ」はウェブ上に情報をアップするだけであり、情報公開を『ぴあ』の発売まで待つ必要はなかった。「@ぴあ」の担当者は、ファンにとっても喜ばれるので、1日も早く情報を公開したいという思いが強かった。

しかし、このコンフリクトに関しては、『ぴあ』が発売になるまでは、「@ぴあ」では情報を公開しないという社内ルールで運用されてきた。この頃は、情報誌『ぴあ』が社内では優先されていたのである。

### ③ネット化、ペーパーレス化

1999年にぴあは、インターネットでチケットを購入できるECサイト「@チケットぴあ」を開設した。2001年からはコンビニでチケットを発券、受け取る仕組みもリリースした。これによってぴあは、『ぴあ』という情報誌メディアと、チケット販売というEC流通の両輪を持つ企業になった。

興行主から受け取る手数料の一部を販売代行手数料としてコンビニに支払う必要があったが、チケットの発券場所は飛躍的に増えた。また、電話予約の頃はイベント開催日約1週間前には販売終了していたものが、ネットでは当日まで購入可能になった。

ネット経由でのチケット販売を開始するにあたり、ぴあはチケットの購入者からもシステム利用料を徴収するようにした。「店舗や電話での購入に比べて、労力をかけずにチケットを入手できるようになったぶん、購入者から利用料を受け取る」という発想からであった。[*3]

その後チケットはネット販売が主流になり、先着順販売はコンピュータの負荷などさまざまな問題から減少し、抽選販売が主流となった。抽選販売は、購入者の情報を集約できる「@チケットぴあ」のようなECサイトの仕組みがなければできない。ちなみに当時の抽選販売のシステムは、各興行主が独自に持っているのではなく、ぴあが提供していた。抽選販売のシステムは、ファンクラブ先行発売や、CD購入者優先などさまざまな条件設定が必要であり、そうした複雑な設定ができるのは、ぴあだけであった。

さらに2004年には、携帯電話にチケットのデータを格納する仕組みも開始し、これによって利用者は発券手続きのためにコンビニに行く必要もなくなった。この頃には、ぴあの売上げの約8割がチケット販売となり、国内では5割を超えるシェアとなった。[*4] 取り扱いチケットも、当初は音楽、演劇が中心であったが、その後スポーツやレジャーのチケットも増えてきた。

こうしたネット化、ペーパーレス化によって利益率は高まったが、ぴあの事業の本質は流通ビジネスであり、取り扱いチケットの数量で稼ぐしかないことに変わりはなかった。

2008年には、「@ぴあ」の会員数が500万人を超えた。一方で、首都圏版の『ぴあ』を週刊から隔週刊に戻した。

## ④チケットぴあと店舗のカニバリゼーション

しかしながら、消費者への直接販売で利益を得るチケットぴあの店舗部門と、コンビニ発券を拡大するネット販売部門との間では、カニバリゼーションが発生していた。

ぴあはその解決のために、別々に分かれていた2つの部門を統合した。両組織を統合して、全社で同じ目標を置いたことで、カニバリゼーションの問題は解決された。

また同時期に、評価の尺度を売上高から利益率にシフトした。もともとチケット販売は薄利多売であったが、売上げが1000億円になれば、1％コストダウンするだけで、10億円が浮くことになる。

ぴあは社外流出のキャッシュを減らすために、購入者からシステム利用料をもらいながら、コンビニに払っていた発券手数料を抑制しようとした。そこで生まれたのが、携帯電話にチケットデータを送信する仕組み「電子チケット」であった。当時のチケットのネット販売では、ローソンチケットとイープラスが最大の競合であった。

## ⑤『ぴあ』の休刊

情報誌『ぴあ』は黒字であったが、[*5]発行部数が減るなかで、矢内廣社長は紙媒体の『ぴあ』はその役割を全うしたものと判断し、2011年7月に首都圏版の休刊を決断した。最終号は、定期刊行の情報誌では異例の増刷になった。これによって主力のビジネスモデルを、情報誌からチケット・ポータル事業へと大きく変革させた。

ぴあ社内では、「本来ネットでやることを雑誌でやってきただけ」「これこそが、ぴあがやりたかったこと」という意見と、「たとえ1万部しか売れなくても（雑誌を）出し続けるべき」[*6]という意見があった。しかし、トップの決定により休刊が決まった。紙かネットかというカニバリゼーションに悩むことなく、速やかにデジタル・シフトが行われたのである。

「チケットぴあ」によって、ぴあの売上高は右肩上がりで伸びていった。2012年には、ぴあ会員は1000万人を超え、2014年には1500万人を超えた。

しかし、ぴあはまだ課題を抱えていた。それは、チケットの販売手数料が平均して販売額の10％程度と低く[*7]、この業態特有の低い利益率から脱しえなかったことである。

### ⑥第三の創業

２００8年に大規模なシステムトラブルが発生し、ぴあは2期連続最終赤字に陥った。そこで「チケット販売に依存しすぎないように」という反省から、チケット流通事業だけでなく、興行の主催事業にも取り組む決断をした。

しかし、これまでチケットを受託販売してきた企業が主催者側に転じれば、業界内で軋轢が生じることは明らかだった。そのため、ぴあは慎重にステップを踏んだ。まずは、イベントパンフレットの制作や、イベントへのマイノリティ出資を通じ、制作のノウハウを蓄積していった。

そして２０１０年代に入り、「ＰＩＡ　ＭＵＳＩＣ　ＣＯＭＰＬＥＸ」（通称ぴあフェス）に代表される、フェス形式のイベントを主催し始めた。２０１０年からの10年で音楽や演劇のライブ市場は2倍に急成長し、ぴあの売上げも２０１９年3月期には、8年前の約2倍に伸びた。

さらに２０１７年には、チケットの高額転売対策として業界団体が立ち上げた公式チケット・トレード・リセールサイト「チケトレ」の運営も全面的に受託した。

こうしてぴあは、業界団体を守る役割としての存在にもなったのである。

## ⑦コロナ禍への対応

そこにコロナ禍が直撃した。コロナ対応の緊急事態宣言等によってエンタメ業界は大打撃を受け、2020年の集客エンタメ市場は前年の5分の1以下に激減し、ぴあも最終赤字を計上した。

そこでぴあが開拓したのが、オンライン・ライブであった。当初はリアルのライブの映像を配信するだけであったが、後には現実と仮想空間を融合したバーチャルライブ映像も提供し始めた。

そして2020年には、横浜みなとみらいに、100億円をかけて1万人収容の音楽専用ホール「ぴあアリーナMM」を開設し、ライブ開催や配信の場を自ら持つことになった。

一方でチケットの店舗販売は、2021年5月に終了した。それまでは、ネットを使えない高齢者などへの社会的責任を考えて店舗販売を続けていたが、終了直前には店舗での売上げが全体の1％未満となり、コロナによる興行減もあってサービスの終了を決断した。

その後ぴあは、ぴあアリーナMMの建設を契機に深い関係を持つようになった三菱地所と、2021年に業務・資本提携し、三菱地所はぴあの4・4％の株式を持つことになった。2022年5月に合弁会社「MECぴあクリエイティブ」（ぴあ49％、三菱地所51％出資）を設立し、ぴあのエンタメ・ノウハウと三菱地所の街づくりのノウハウを融合して、新たな事業を創出しようとしている。

こうした施策により、2022年度（2023年3月期）の売上高は、コロナ前の2019年を上回る見込みである。

## ⑧ぴあの価値とは

2022年末現在のぴあは、常時2万件のイベントが登録され、年間7500万枚のチケットを発券する日本最大級のプラットフォームである。会員数も1750万人になった。

創業者でもある矢内社長は、ぴあの価値は以下の3つにあると言う。[*8] 第一は、集客エンタメ業界の中での人脈、第二は集客エンタメ業界におけるデータ、そして第三は集客エンタメ業界固有のチケットの売り方や人の集め方のノウハウである。

2番目のデータに関しては、顧客データや市場データを一元的に管理・分析するDMP（データ・マネジメント・プラットフォーム）の事業化を進めている。ぴあは1750万人の会員を持ち、その販売データは、広告主や広告会社にとっては宝の山になりえる。

また、このデータを活用した、エンターテイメントに特化したシンクタンク「ぴあ総合研究所（通称：ぴあ総研）」を2002年に設立した。これまで20年超にわたり、音楽や演劇などの集客エンタメ市場に関する各種調査・分析を行い、市場規模や動員数、公演数などのデータや市場動向についての分析を適宜公表し、業界活性化の一翼を担っている。

## ⑨ぴあの今後

ぴあは情報誌の時代から、「観たいエンタメを探す」という機能を提供してきた。その機能を貫いたからこそ、ネット化においてもスムーズに事業を進化させてきたと言える。

しかし、ぴあが提供してきたのは「検索機能」だけだったのであろうか。たしかに情報誌『ぴあ』を見て、消費者は観たい映画を探すという行動を取ってきたが、その過程で、本来探していた目的の映画とは別の映画を見つけ、新しい映画を開拓した経験はないだろうか。映画だけでなく、『ぴあ』に掲載されていたほかのイベントに興味を持ち、足を運んだことがあるかもしれない。

すなわち、情報誌『ぴあ』は検索機能だけでなく、偶然の出会いとも言えるセレンディピティを生んでいたのである。

似たような現象は、チケットを発券していたチケットぴあの店舗でも起きていた。本来、エンタメは〝オンリーワン商品〟である。すなわち、福山雅治を観たい消費者が、彼のチケットが完売だからといって、代わりに山下達郎を観に行こうとすることはめったにない。

しかし、店舗の店員との会話がセレンディピティを生み、思ってもみなかった新しいエンタメを見つけたこともあったと言われる。かつて店舗では、顔馴染みの常連客には、店員が「別の日なら、いい席が取れます」「追加公演が決まりました」などの情報を提供し、それが顧客満足につながることも少なくなかった。さらに親密な関係になれば、「山下達郎がお好きなら、ジャンク・フジヤマもお聴きになりませんか」というお勧めももらったかもしれない。

ネットの時代になり、検索はいっそう容易になったが、一方で失われてきたセレンディピティにどう対応するか。この課題に対応したのが、「アプリ版のぴあ」である。

もうひとつ、情報化が進み消費者のエンタメへのリテラシーが高くなってきた現在、ぴあのターゲットとして、リテラシーの高い消費者を優先すべきか、それともリテラシーはさほど高くないが、金を払ってでも良い経験をしたいという層を掘り起こすべきか、という課題もある。

たとえて言えば、旅行経験豊富なリピーターに、ネット等でさまざまなチケットを販売することを重視するか、ＪＴＢのように（多少高くても）、個々人のニーズを探って、その人に最適なプランをコンシェルジュのように組み立ててあげることを重視するかである。

前者の高リテラシー層は、販売の手間もかからず、情報発信や購入機会の増などで、売上げを伸ばすことができる。売上増大には欠かせないターゲットだ。

一方後者では、例えばイベントで、専用ゲート付き、ファストパス付き、ホテル付きなどのプランを設計し、量は多くないかもしれないが、高い利益率を目指すことができる。インバウンドの富裕層にも有効かもしれない。

ぴあは現在、両者とも取り込もうとしているが、両者はマネジメントのやり方がかなり違ってこよう。

## ぴあのカニバリゼーションへの対応

ぴあは、情報誌からチケットＥＣサイトへの転換を遂げ、近年では興行側へも進出している。

情報誌からチケットECサイトへの転換は、前節で述べたリクルートのビジネスモデル転換とも似ているが、ぴあ社内では、カニバリゼーションの声はほとんど聞かれなかった。

その大きな要因として、創業者を含むトップ・マネジメントが、「本来ネットでやることを雑誌でやってきただけ」と述べ、ぴあの使命や理念が一貫して変わらないと示し続けたことが挙げられる。すなわち、情報誌からチケットECサイトに変わっても、「観たいエンターテイメントへのライフラインを作る」という同社の基本機能は変わっておらず、むしろネット化によって、探すだけでなく予約・購入までできるようになり、消費者が得られるベネフィットはいっそう大きくなった。

情報誌『ぴあ』が提供していた基本的価値は「検索」であったこともあり、その機能を変えず、手段やデバイスだけを変えたため、転換がうまくいったと言えよう。

また店舗とネット販売のカニバリゼーションに関しては、両者の組織を一体にすることによって乗り切ってきた。

さらに興行側への進出は、事業ドメインを「エンターテイメントの提供」と考えれば同じ範疇に入るが、ぴあは興行主との軋轢を避けるために、丁寧にステップを踏んだ展開を行ってきた。

**注**

**＊1** 掛尾良夫（2013）『「ぴあ」の時代』小学館
**＊2** 小林覚（2011）「『ぴあ』休刊に至る変遷とメディア界の変貌」『創』9月号、pp.112-116を一部修正
**＊3** 日経ビジネス　2022年10月3日号　を一部修正。
**＊4** 日経ビジネス　2004年1月12日号
**＊5** 日本経済新聞　2021年7月8日、矢内廣（2022）『岩は、動く』ぴあ
**＊6** 日経ビジネス　2004年1月12日号
**＊7** **＊2**と同じ。
**＊8** 日本経済新聞　2021年7月8日

# ビジネスモデルの併存におけるカニバリゼーション

## 凸版印刷：電子チラシ事業

### ①凸版印刷の歴史

凸版印刷は1900年創業の、日本を代表する印刷会社である。同社のルーツをさかのぼると、証券印刷や紙幣印刷に強く、そのためセキュリティを大切にするDNAが社内に強く残っている。

2022年3月期の連結売上高は1兆5475億円、営業利益735億円であり、印刷業界は長い間、凸版印刷と大日本印刷が業界のツートップであった。

1959年には半導体関連事業に進出し、グローバル市場でフォトマスクの最大手に躍り出た。また、カラーフィルターもグローバルに展開している。

2022年3月期の売上構成比は、情報コミュニケーション分野が58%、生活・産業分野が29%、エレクトロニクス分野が14%となっている。なお、営業利益率がいちばん高いのはエレクトロニクス分野で、13・6%となっている。

情報コミュニケーション分野には、セキュアソリューション、ビジネスフォーム、商業印刷（チラシ等）、出版印刷、電子書籍などが含まれる。なお凸版印刷は、ビジネスフォームで首位のトッパン・フォームズを、株式公開買い付けにより2022年3月に完全子会社化した。

生活・産業分野には、パッケージ、建装材などがあり、エレクトロニクス分野には、半導体のフォトマスク、ディスプレイなどが含まれる。

ペーパーメディア市場の縮小に対応して、凸版印刷は「印刷しない事業」の拡大を進めているが、その象徴的な存在が、「ワン・コンパス（ONE COMPATH）」である。ワン・コンパスは、1996年に事業を開始した地図検索サービスの「マピオン（Mapion）」と、電子チラシサービスを展開する「シュフー（Shufoo!）」が2019年に統合されてできた会社である。ちなみに「マピオン」は、日本で初めてビジネスモデル特許を取得した事業でもある。

以下、凸版印刷の事業を長年支えてきたチラシ印刷と真っ向から対立する電子チラシ事業が、なぜここまで成長してきたのかを中心に論じる。

### ②チラシ事業の現実

印刷需要のピークは1991年であり、2019年にはピーク時の4割以上が消失した。

凸版印刷の1991年3月期の売上構成比は、一般（商業印刷）が49・9％、包材が25・8％、出版が19・8％、有価証券が4・5％であった。商業印刷は同社の祖業であって屋台骨でもあり、チラシは書籍・雑誌と並んで中心事業となっていた。

チラシ事業は売上げに貢献していたが、実際の業務フローとしては、リードタイムが短く、チェックに手間がかかる、きわめて労働集約的な事業であった。例えば、チラシに載せた製品の原産地のチェックなども凸版印刷が行うことがあり、社内では業務フローを改善したいと考えていた。

## ③電子チラシの契機

大阪でチラシ営業を担当していた山岸祥晃氏（現DXデザイン事業部ビジネスアーキテクトセンター事業企画本部長）は、チラシ事業の変革の必要性を強く感じていたが、2001年頃からインターネットが家庭に普及し始めたのを見て、社内ベンチャー制度に「電子チラシ」の事業を提案した。

東京本社の役員にプレゼンテーションして訴えたが、「うちは印刷会社だよ」「なぜ印刷会社が印刷しないのか」[*1]という声に押され、提案は非採択となった。

提案はプロジェクト化されることもなく、山岸氏は失意とともに大阪に戻ったが、電子チラシのニーズは必ず高まると考え、5人の仲間と共にひそかにプリテストを始めた。自らスキャナーを購入し、チラシをスキャンして原稿を作った。

宝塚のマンションを実験場にして阪急百貨店、ダイエー、万代（関西圏を中心としたスーパーマーケット）のチラシを電子化し、住民に提供した。サーバーについては、社内ベンチャーとして採択された別のプロジェクトのものを借りた。しかし、当時のインターネット環境はＡＤＳＬが普及する前だったので、ユーザーが自宅でダイヤルアップでチラシをダウンロードするのに、１枚5分もかかっていた。

スカンクワーク（本来の業務以外の自主的な活動）が可能だったのは、地理的に東京本社から離れていて気づかれにくかったことと、新しいことに挑戦してみようというクライアントが関西に多かったこともある（東京が発祥の凸版印刷ではあるが、なぜか新事業は西から生まれるという風評がある）[*2]。

テスト・マーケティングは成功したが、クライアントにニーズの強さを語ってもらう必要があると考えた山岸氏は、チラシ印刷でトップの売上げを出していたイトーヨーカ堂を攻めた。

積極的に営業をかけた結果、2004年には2店舗で採用された。しかし、イトーヨーカ堂は電子チラシの品質に厳しく、なかなか納得してくれない。商品の画像の解像度を上げればきれいなチラシになるが、ダウンロードに時間がかかる。画像精度とスピードの組み合わせを200通りも提案し、その結果、2004年末に180店舗で採用された。

イトーヨーカ堂の採用によって、東京本社の見方もガラッと変わった。「クライアントに語ってもらう」作戦は大成功であった。

この事業は、「Shufoo!（シュフー）」と名づけられた。これは、「主婦」と「Yahoo!」を掛け合わせたものと言われている。

## ④電子チラシ「シュフー」

シュフーは、インターネットで見られる電子チラシサービスである。大手スーパー（イトーヨーカ堂、西友、ライフ等）、ドラッグストア（マツモトキヨシ、スギ薬局、ウエルシア等）、家電量販店（ビックカメラ、エディオン、ケーズデンキ等）などの小売店だけでなく、大手飲料メーカーや化粧品メーカーを含む約4600社のチラシを配信している。

現在では月間1600万人以上（ASPサービスを含む）[*3]が利用しており、国内利用率ナンバーワンの電子チラシサービスである。ちなみにシュフーの利用者は、会員登録してログインし、チラシを見るとシュフーポイントがたまり、そのポイントでさまざまな抽選に応募することができる。

チラシの配信は広告主が申し込んでから10日ほどで開始され、配信翌日には広告主は効果を確認できる。シュフーは自らの役割を、「店舗と生活者のエンゲージメント（絆）作り」としている。

2004年にヤフーBBがADSLのモデムを無償で配布し始めた。その頃は新聞の購読者数が減少し始めており、広告主も紙チラシ以外の宣伝方法を模索中であり、顧客サイドで電子チラシのニーズが顕在化していた。当時は、顧客企業のホームページにチラシを載せるスタイルが中心だったが、並行してシュフーを電子チラシのモールサイトとして運用し始めた。

しかし、電子チラシ事業は「当初は印刷事業と激しく衝突した」[*4]。特に印刷工場の現場の抵抗が大きかったという。

## ⑤シュフーの仕組み

前述したように、電子チラシ事業の開始時点では、シュフーのサイトとイトーヨーカ堂やダイエーなどクライアントのホームページに、同時にチラシが載る仕組みだった。当時、一般消費者にシュフーを開いてもらうことは容易ではなく、クライアントのホームページで見てもらうほうが簡単だった。クライアントにおいても、自社のサイトに電子チラシが載ることには、何ら抵抗がなかった。

クライアントにとっては、チラシの原稿を凸版印刷に渡せば、後は手数をかけずにホームページにアップしてくれるＡＳＰモデルであった。このビジネスモデルがうまくいき、一度受注すれば簡単には他社にスイッチされない仕組みになった。

なお、凸版印刷の動きに対し、ライバルの大日本印刷（ＤＮＰ）も似たような事業を開始したが、ＤＮＰは自社サイトに電子チラシのモールを作ることにこだわっため、途中で事業から撤退している。

やがてクライアント数が増え、消費者にシュフーのサイトが知られるようになると、賢い消費者は直接シュフーのページを開いて、複数の店舗のチラシを比較検討するようになった。

紙のチラシは2006年をピークに減り始めたが、これは新聞の宅配部数が減ったことが主因であり、社内では「シュフーが紙の需要を食った」という声は聞かれなかった。すなわち、カニバリゼーションを訴える声は出なかったのである。

電子チラシ事業の推進に関しては、金子眞吾社長（現会長。シュフー開始時は経営企画担当役員で、その後社長に就任）のサポートが大きかった。山岸氏は金子社長に、「シュフーは、BtoBが中心の凸版印刷の中で、BtoBtoCを理解するための事業である」と訴え、金子氏もBtoBtoCをより強化するために、シュフーを推進することに理解を示した。

シュフーの売上実績が上がってくるにつれ、社内にも認知されてきたが、社長が支援してくれたことが、事業を成長させられた大きな要因であった。トップ・マネジメントの支援を受けて、電子チラシ事業には予算や人をつけてもらえるようになったからだ。

## ⑥シュフーの課金方法

シュフーの開始時、クライアントへの課金方法は、「制作費」としての固定課金制だった。それを事業が拡大するなかで、消費者が1回チラシを見ると10円課金する「チラシPV（Page View：アクセス数）」という従量制に変えた。チラシPVは凸版印刷独自のモノサシである。チラシには表面と裏面があり、両面を繰り返し見ることもあるが、「チラシ1枚をどれだけ見てもチラシPVは1回」というクライアント志向の課金制度であった。

これは、シュフーを単なるサービスではなくメディアとして成長させ、その成長に応じて収益も増大させていくモデルであり、凸版印刷で初めてのメディアビジネスへの転換でもあった。

こうした「印刷しない事業」を拡大させるなか、凸版印刷では自社の定義を「印刷会社」から「情報を加工する会社」に転換した。

## ⑦分社という転機

電子チラシ事業は、2019年に分社という大きな転機を迎えた。

シュフーの運営は当初、凸版印刷の中で行われていたが、受注型の印刷事業とは事業のスピードが違い、組織風土や人事制度にも印刷事業とは異なるものが求められてきた。

そこで2019年、凸版印刷はシュフーをマピオンと合体させ、別会社ワン・コンパス（ONE COMPATH）を誕生させた。シュフーの約30名と、マピオンの約90名が合流した。これには凸版印刷グループのBtoC事業を戦略的に強化する狙いがあり、印刷業界ではなく、IT業界の文化の中で競争したほうが成長しやすいという目論見でもあった。山岸氏の下で課長として働いていた早川礼氏が、凸版印刷から転籍して社長に就任した。

別会社化していちばん早く効果が表れたのが採用であった。採用スピードが速まり、採用基準も印刷会社の基準ではなく、ＩＴ企業の基準が適用された。その結果、採りたい経験者や若手の採用が進んだ。

ワン・コンパスは現在では１４０名の所帯となり、「ワンマイル・イノベーション・カンパニー」をスローガンにＢtoＣでのシナジーを発揮しようとしている。マピオンは月間１５００万人のユーザー、シュフーは１６００万人のユーザーを獲得している。

シュフーの競合企業は、現在5社ほどいる。例えば、限定の割引クーポンが多い「トクバイ」、チラシとレシピを連動させた「クラシル」などが追撃しているが、シュフーは1位の座を維持している。

### ⑧外部にあった電子チラシの影響

前に述べたように、シュフーは凸版印刷社内でのカニバリゼーションの声は起きなかったが、チラシのクライアントであった新聞社では問題となった。新聞社はチラシを新聞に折り込むことで収入を得ていたが、紙のチラシが電子になることで収入が落ちてしまったのである。

凸版印刷は新聞社から説明を求められたが、新聞社側でも紙から電子への転換は時代の流れと考えており、大きな問題に発展することはなかった。その後いくつかの新聞社・関連会社は、シュフーの販売代理店となっている。

### ⑨評価尺度の変更

2010年に金子氏が社長に就任してから、凸版印刷の事業の進め方に変化があった。

1つは、それまでのさまざまな分野に多角化する「アラカルト型」から、いくつかの軸（核）を持つ「重点志向」にシフトしたことだ。その中で、情報系のシュフー、生活系のバリアフィルム、ＧＬバリアー（ＧＬ ＢＡＲＲＩＥＲ）などが核として示された。そして事業部の枠にこだわらず、すべての営業部門にシュフーなどの売上げを自部門の業績としてカウントし、毎月報告するように求めた。すなわち、全社を挙げて核となる事業に注力する仕組みを作ったのである。

もうひとつ金子氏は、売上高志向から利益志向への転換を強く打ち出した。紙のチラシは売上げこそ大きかったが、利益率は低かった。これに対して電子チラシは、売上げは小さいが原価が低いため利益率が高く、この評価尺度の変更によって社内で評価されやすくなったのである。

現在、凸版印刷では事業の評価尺度が、売上高、営業利益、ＲＯＩＣ（投下資本利益率）などであるが、ワン・コンパスでは、売上高、営業利益に加えて、事業のＫＰＩである掲載店舗数、ユーザー数なども評価尺度となっている。

## ⑩シュフーの将来と凸版印刷の強み

シュフーは紙のチラシの代替として育てられ、世の中に定着した。凸版印刷が次に挑むのは「未来のチラシ」であり、①ハッシュタグ・チラシ、②動画チラシ、③パーソナルDBチラシなどが考えられている。①の例としては、検索画面に「#手抜き料理」と入れると、それに適したチラシが見られるようなものである。③は、個人のニーズに基づいたチラシが見られるものである。

こうした事業を進めるうえでのポイントは、これまでのチラシ印刷の前工程にある。すなわち、チラシは印刷する前に、編集、割り付け、カラー決めなどの工程が必要であり、凸版印刷ではこうした見えない部分でDXのノウハウを蓄積してきた。電子チラシ事業においても、こうしたコア・コンピタンスが競争力を持てると考えている。

もうひとつ凸版印刷の強みとなっているものが、「顧客と伴走する」という社風である。印刷は受注産業であり、「待ちの営業」が主流と考えられていたが、凸版印刷は自ら顧客を訪問し、ニーズを顕在化することに力を入れてきた。

例えば、行政による新型コロナワクチン接種に関連する支援業務を受託したときは、そのシステムを作るために、まず現場に入り、そこから改善していくという凸版流のアプローチをとり、スピード面で他社を凌いでいた。

## 凸版印刷のカニバリゼーションの回避策

### ①カニバリゼーションは発生したのか

紙のチラシと電子チラシは明らかに代替関係にあり、カニバリゼーションが発生する可能性は高かった。しかし凸版印刷では、電子チラシの推進において、社内の一部では反発があったものの、営業面でカニバリゼーションは起きなかった。

その第一の理由は、電子チラシ事業の開始当時、新聞の発行部数が大きく減っていたことだ。「電子チラシが紙チラシを食う」というよりも、紙のチラシを折り込む新聞の「発行部数が減る」ほうが圧倒的に大きな影響力を持っていたので、その補完役として電子チラシ事業の必要性が認められたのである。

第二の理由は、クライアントは電子チラシを発注しても紙のチラシを廃止することはなく、両者は当面共存できる関係にあったことだ。スーパーやドラッグストアのチラシは、紙で見て店に行く消費者のほうが依然として多いのが現実であった。

第三に、電子チラシを閲覧する対象者が、紙のチラシとそれほど重複しないことをクライアントに証明できたことだ。そのため、紙のチラシにアドオンする形で課金できたことも、カニバリゼーションが発生しない大きな要因であった。

## ②カニバリゼーションの回避に貢献した施策

シュフー事業の推進においては、以下のような施策がカニバリゼーション回避にプラスに働いた。

第一に、新しいビジネスモデルの必要性を社内で訴えるだけでなく、「顧客からプルされるようにした」ことである。

山岸氏は役員プレゼンで電子チラシを提案したが、経営陣からは「凸版は印刷の会社である」として採択されなかった。電子チラシは世の中の流れに合い、チラシ事業の収益性改善に寄与することは間違いなかったが、それを社内の人間が訴えても聞いてもらえないほど〝祖業の壁〟は厚かった。

そこで山岸氏が考えたのが、電子チラシの必要性をクライアントに言わせることだった。当時、紙チラシの最大の顧客であったイトーヨーカ堂に営業をかけ、熱意とエビデンスの提出を繰り返した末に受注を獲得した。イトーヨーカ堂から評価されることで経営陣の評価も一変したのである。

第二に、事業領域が拡散しつつあるなかで、金子社長がシュフーを中核事業に位置づけ、全事業部にその売上げを毎月報告させ、その事業部の成績としてカウントするようにしたことである。

新事業の必要性はどのトップも唱えるが、評価の仕組みにメスを入れることによって、全社員の意識と行動を変えていくことに成功した。金子氏が売上志向から利益志向に振ったことも、紙より利益率が高いシュフーを後押しした。

**注**

＊1　「なぜ凸版印刷の新規事業はONE COMPATHとして切り離したのか」『BizZine』２０２０年３月17日 https：//bizzine.jp/article/detail/4368

＊2　「経営者は「大阪出身で東大卒」が最強！　関西流企業はなぜ強い」『エキサイトニュース』２０１７年５月15日 https：//www.excite.co.jp/news/article/Diamond_127627/?p=3

＊3　Application Service Provider：ネット上でアプリケーションを提供するサービス事業者。

＊4　日経ビジネス　２０２２年３月28日

## エプソン：大容量インクタンク搭載プリンター

### ①ジレットモデルの典型

髭剃りメーカーのジレットが、本体を安く提供して替刃で儲けるビジネスで成功したことから、そのビジネスモデルは通称「ジレットモデル」もしくは「消耗品モデル」と呼ばれている（英語では"Tying Strategy"（フレデリック・シェーラー1992））。自宅で年賀状や写真などを印刷するときに使うインクジェット・プリンターは、ジレットモデルの典型例と言われてきた。

### ②ジレットモデルからの転換

エプソンは早くから、東南アジアでインクジェット・プリンターを販売していたが、なぜかインドネシアでは苦戦していた。プリンターを購入したユーザーが、交換用のインクカートリッジを買いに来ないため、販売店が儲からない状況になっていたのである。

調査したところ、現地の業者が安価で粗悪なインクを外付けタンクからチューブで本体に注入するように、勝手にプリンターを改造し、販売していたことがわかった。他社製のプリンターも同じ被害に遭っていたが、それを阻止することは難しいと思われた。

インドネシアでは企業が印刷する場合も、日本の家庭用プリンターを使って大量に印刷していることが少なくなかった。改造プリンターは、できるだけ低コストで大量印刷したいという強いニーズの表れであり、それをエプソンに訴えているのだと実感した。

そこでエプソンは、「そのようなプリンターに人気があるのなら、そうしたプリンターを自ら発売しよう」という決定を下した。

改造業者のタンクやインクは粗悪品で、インク漏れを起こしたり、それが原因で本体を壊したりすることもあった。エプソンがそうしたプリンターを純正として作れば、改造に起因する故障はなくなり、ブランドの信頼も高まる。そこでエプソンは、平均的な使用で2年間は交換の必要がない大容量インクタンクを搭載したプリンターを開発した。しかも、その製品に1年間の保証を付けたのである。

「本体は安くして消耗品で稼ぐ」ジレットモデルを変えることは、同社にとって勇気のいる決断であったが、「利益が出ないなら、ビジネスモデル自体を変えよう」という決定がなされた。そして採用したのが、ジレットモデルの逆を行くビジネスモデルであった。

## ③大容量インクタンク搭載プリンターの技術的課題

大容量インクタンク搭載プリンターを開発するにあたっては、次のような技術的課題があった。

第一に、製品には約2年分のインクが収納されているが、それを長期間劣化させない必要があった。そのために、蒸発を防ぎ、空気を混入させない素材を新たに開発した。

第二に、タンク内のインク残量によって圧力が変化するのを防ぐため、インクの供給圧力を一定にする機構を開発した。

第三に、インク補完時にユーザーが手を汚さないように、インクチューブの外形を工夫した。

こうした技術的課題を克服し、2010年、エプソンは大容量インクタンク搭載プリンターをインドネシアで発売した。本体価格は従来機の約3倍したが、大量印刷するユーザーに歓迎された。「本体は高いが、故障は少ない。消耗品のインクも安く買えて、安心して印刷できる」ことがアピール・ポイントになった。

エプソンの大容量インクタンク搭載プリンターは、徐々に外付けタンク業者のシェアを奪い、その多くは廃業し、残った業者は他社プリンター向けの改造に注力するようになった。

エプソン・ブランドの信頼と1年間の保証も決め手となり、新しいプリンターはユーザーに好感を持って受け入れられた。また、販売店も消耗品のリピート購買がないなかで、高単価の本体を販売することを歓迎してくれた。

エプソンのビジネスモデル転換を静観していた競合のブラザー、キヤノンも、2015年に東南アジアで同じタイプの大容量インクタンクプリンターで参入し、ヒューレット・パッカード（HP）も16年に追随した。

大容量インクタンク搭載プリンターの発売以降、エプソンはインドネシア市場で、従来のジレットモデルのプリンター販売を縮小していった。そしてその後、新興国では大容量インクタンク搭載プリンターを全面展開することにした。

## ④先進国への展開

このように新興国で成功した「逆ジレットモデル」であるが、先進国にも適用できるかを、エプソンでは2013年頃から検討し始めた。

まずは2カ国を選んで、大容量タンク型のテスト・マーケティングを行った。調査のポイントは、①大容量タンク型のコンセプトが受け入れられるか、②従来機と比べて価格が2〜3倍になる本体が売れるか、③大容量タンク型に他社製品からのスイッチが見込めるかどうか、の3点にあった。

テストは概ね成功し、2014年から欧州で、15年からアメリカ、カナダ、オーストラリアで、「エコタンク」というブランドで大容量インクタンク搭載プリンターの発売を開始した。

やがて、その情報を知った日本の消費者から、「日本ではいつ出すのか？」という問い合わせが寄せられるようになった。

## ⑤カニバリゼーションを恐れない

日本はジレットモデルが成り立っている国である。互換カートリッジが安く売られていても、装着がうまくできなかったり、本体が壊れたりするリスクを考えて、信頼できる純正品を購入する顧客が多い。そこに大容量インクタンク搭載プリンターを投入して、受け入れられるかは未知数だった。

そこでエプソンは、日本でもテスト・マーケティングを行った。その結果、レーザープリンターから乗り換える人や、他社製から乗り換える人がいることがわかった。

こうした経緯を経て、2016年2月に日本でも大容量インクタンク搭載プリンターが発売された。本体価格は6万円弱と従来機の3倍近くするが、インク代は従来機の10分の1程度になる。米国と同様に、「エコタンク」ブランドを付けて販売した。インドネシアでの発売時点ではブランド名はなかったが、現在ではグローバルで「エコタンク」ブランドに統一されている

ただし日本では、インドネシアのように「外付けタンク対策」をアピールするのではなく、印刷コストの削減、インクカートリッジ交換に伴うメンテナンスの手間の軽減を、ユーザーへの訴求点とした。

日本でも大容量インクタンク搭載プリンターの発売を決めたエプソンでは、家庭用プリンターの顧客の用途に合わせて、ターゲット市場を2つのセグメントに分けて展開することにした。

1つは年賀状や写真の印刷を中心とする、比較的印刷枚数の少ないユーザーであ

り、このセグメントに対しては従来型のカートリッジタイプのインクジェット・プリンターで対応する。もうひとつは、家庭用プリンターでも大量に印刷する個人事業主などのユーザーであり、この層には大容量インクタンク搭載プリンターで対応することにしたのである。

## ⑥チャネル政策

当初は、家庭用での大量印刷のニーズはそれほど大きくないと考えていたので、「エコタンク」の販売は大型量販店に絞って展開することにした。

ところが販売を開始すると、大量印刷しないユーザーの中にもエコタンクに興味を示す顧客がいた。一方、地域によっても違いが出た。アーリー・アダプターが来店する頻度の高い都会型の家電量販店では大容量タイプが売れたが、地方の大型家電量販店では当初はあまり売れなかった。

流通チャネルに対してエプソンは、「ユーザーの用途に合わせて販促する商品を変える」ことを勧めたが、なかなか理解されなかった。そこで、「販売店の利益を考えると、エコタンクは2～5年分のインク代を込みにした価格です」と販売店に訴えたところ、これは受け入れられた。

販売店にとっては、従来タイプのインクカートリッジは確かに収益源ではあったが、何年後に買いに来てくれるかわからないうえ、プリンターを購入した店でカートリッジも購入してくれる保証はなかった。

エコタンクは発売当初、価格が5万5000円で、従来型の約2万円より高かったが、〝2年分のインク代の先取り〟ということで、販売店にとってはありがたい商品だった。エコタンクを1台売れば従来型を2～3台売ったのと同じ売上げになる。販売店は2年後、3年後の利益よりも、直近の売上げ、利益のほうが大事だったのである。

年賀状を印刷するユーザーも減少傾向にあり、プリンター市場が縮小するなかで、単価の高いエコタンクが売れることは、販売店にとって望ましいことであった。

エプソンではメーカー販促として、従来機種とエコタンクのトータルコストを比較したパネルを販売店に提供したり、販売スキルの教育などを行ったりして販売店を支援した。

また、販売店のプッシュが中心だった販売促進についても、後に廉価版のエコタンクを発売するのに合わせ、広告などのプル施策も増やすようになった。

## ⑦販売の組織

販売の組織としては、エプソン販売の量販営業本部で扱うことになった。これはビジネスモデルの違いよりも、プリンターという商品のくくりで考えていたからであった。

組織的には、従来型プリンターとエコタンクを同じ事業部で販売することにした。その根底にあったのは、消費者のニーズに合わせて可能な限りの選択肢を提供すべき、という考え方であった。

このように、エコタンクはビジネスモデル的には従来型プリンターとカニバリゼーションを引き起こす可能性があったが、エプソン社内では「顧客に提供する価値が異なる」という考えが浸透し、カニバリゼーションの声は上がらなかった。

エプソンのインクジェット・プリンター全体におけるエコタンクの割合は、2015年には35%に拡大した。16年には世界150以上の国と地域で販売され、累計販売台数は1500万台を超えた。さらに2020年度になると、世界170の国と地域で販売され、累計販売台数は5000万台を超えた。

そして2021年度には、エプソンのインクジェット・プリンターの販売台数の約3分の2が、エコタンクになったのである。

エコタンクは本体価格が高いので、本体の販売だけでも利益が出るが、交換用のインクも安いため、顧客は動作や品質に不安のある互換インクをわざわざ購入する必要がなくなり、純正品のインクでも利益を上げられるようになった。

## ⑧競合の追随と新たな販売方式

大容量インクタンク搭載プリンターを発売したことで、意外な発見もあった。

まず、印刷頻度があまり多くない顧客も大容量タイプを買ってくれたことだ。これは、初期投資額が多少高くついても、インクカートリッジの交換頻度が少ないほうがいいと考えるユーザーが多くいたと考えられる。

もうひとつは、大容量タイプの購入者は、従来型の購入者よりも印刷枚数が増える傾向にあるということ。カートリッジ交換を気にしなくてよくなったため、気兼ねなく印刷するようになったからである。

現在、国内におけるエプソンのプリンター販売のうち、台数で約2割、金額では約4割がエコタンクになっている。一方、世界では、エプソンのプリンター全体のうち、大容量タイプが7割を占めている。海外のほうが大容量タイプの比率が高い理由として、小規模オフィスが多いことと、日本よりも在宅勤務比率が高く、家庭で印刷する機会が多いことなどが挙げられる。

こうしたことから、プリンター事業の利益では、大容量インクタンク搭載プリンターの貢献が大きいことが推察される。

その後、キヤノンが2018年に大容量タンクタイプの「ギガタンク」を、ブラザー工業も「ファーストタンク」という名で国内で発売している。

エプソンは2020年9月から欧州で、個人向けのエコタンクを対象に、「レディプリント」と呼ぶサブスクリプション型サービスを始めた。利用者はプリンターを借用し、月間の印刷量に応じて利用料金を支払う仕組みである。

## ⑨顧客がエコタンクに求めたもの

顧客が大容量インクタンク搭載プリンターに求めたものは、大量の印刷を経済的に行うことだけではなかった。

第一に、インクカートリッジの交換の手間を面倒に感じていた。特に「あと1枚で終わる」というところでインク切れになると、カートリッジ交換によるタイムロスがとりわけ大きく感じられた。

第二に、インクカートリッジを買いに行くたびに、「インク代が高い」と感じていた。これがプリンターに対する大きな不満要因になっていた。エコタンクを発売するまでは、「インク代が高い」という顧客の声に対して、エプソンは解決策を提示できていなかったのである。

第三に、しばらく印刷していないとインクが凝固してうまく印字できず、ストレスがたまった。きれいに印字をするためにはノズルチェックをするなどの手間が必要で、余計な時間がかかった。

顧客のこのような不満を解消してくれるのではないかとの期待が、大容量インクタンク搭載プリンターに関心を持つきっかけとなった。

## ⑩今後の展開

大容量インクタンク搭載プリンターの今後の方向としては、印刷枚数の多いSOHO向けのエコタンクを強化する一方で、本体サイズを小型化し、価格を下げた廉価版の2本立てを目指している。日本でも在宅勤務者が増えてきたので、これまでコンビニで印刷していたような人たちのニーズに応えたいと考えている。
しかし「価格を下げる」ことを追求しすぎると、従来型とのカニバリゼーションも起きてしまうので、その線引きは慎重に考えている。

## エプソンがカニバリゼーションを回避できた理由

ジレットモデルのインクジェット・プリンターで儲けていたエプソンが、まったく異なるビジネスモデルの大容量インクタンク搭載プリンターに進出するにあたっては、当然カニバリゼーションが懸念された。だが、エプソンはそれをうまく回避してきた。それができた理由として、以下の3つが挙げられる。

第一に、大容量インクタンク搭載プリンターがターゲットにした市場は、競合するキヤノンのレーザー・プリンターが押さえていた市場であり、エプソンの全社戦略においても、キヤノンの牙城を崩すことが重要な使命として認識されていた。

従来、比較的安価で、印刷枚数の少ないユーザーが多いインクジェット・プリンターはエプソンが強く、高価で印刷枚数の多いユーザーが多いレーザー・プリンターではキヤノンが強い、という業界構造があった。

しかしエプソンは、大容量インクタンク搭載プリンターで、印刷枚数の多いキヤノンのレーザー・プリンターの市場に一石を投じることに成功した。

第二に、日本では既存ユーザーが持っていたプリンターへの不満、すなわち頻繁なカートリッジ交換、高いインクカートリッジに対して、大容量インクタンクの採用で解決策を与えたことが挙げられる。

第三に、従来型のインクジェット・プリンターと大容量インクタンク搭載プリンターが同じ事業部で扱われたことも、成功を支えた組織的要因であった。もし両者を別の事業部で担当していたなら、カニバリゼーションの議論が起き、エコタンク成功の制約となったかもしれない。

# ビジネスモデルの共生におけるカニバリゼーション

## 東京ガス：エネルギーサービス事業

### ①ESCO事業とは

エネルギーサービスの起源は、1970年代に米国で誕生した省エネビジネス、ESCO（Energy Service Company）にある。

ESCOとは、顧客のエネルギーコストの削減、および$CO_2$排出削減につながるサービスを提供し、対価を受け取る事業である。その基本は、顧客の保有するエネルギー設備にESCO事業者が省エネ改修を施し、成果を保証する代わりに、エネルギーコスト削減額の中から一定の報酬を受け取る仕組みである。

顧客は新たな費用負担なしにエネルギーコストを削減でき、ＥＳＣＯ事業者はサービス収入を得ながら顧客を囲い込むことができる。

## ②東京ガスにおけるESCOの誕生

日本では、電気とガスの自由化が続けて行われた。２０１６年4月から電力小売りが自由化され、ガス会社、鉄鋼会社などさまざまな業種から電力販売事業への参入があった。

また、１年後の２０１７年4月からは、家庭用都市ガスの自由化が始まった。工場向けの都市ガスは07年から自由化されていたが、家庭用の自由化を契機に、それまで自由化には縁のなかった企業でも、エネルギーについての検討が行われるようになった。

東京ガス社内では１９９０年代後半から、近い将来の電気・ガスの自由化をにらんで、ＥＳＣＯ事業への関心が高まっていた。当初は英国など海外の自由化事例の調査から始まったが、早期の事業化が促され、2001年にESCO事業の設立準備室が設置された。

東京ガスが考えたESCO事業は、ESCOとは呼ばず、より大きな概念として「エネルギーサービス事業」と称した。そして、意図するエネルギーサービス事業がESCOと異なる点として、次の3つが挙げられた。

第一に、サービスの中に燃料の調達が組み込まれていることである。ガスの原料となる液化天然ガス（LNG）の調達にかけては、東京ガスは日本一の規模と経験を持っており、ボラティリティの高い購入に関してもノウハウを蓄積している。また、設備運用のリスク、故障のリスク、価格変動リスクなど、ほとんどのリスクを東京ガスが負うことにもなっている。

第二に、単にエネルギーコストを削減するだけでなく、災害に対するレジリエンスの機能も備えた。例えば、停電時でもガスで発電するサービスを加えている。

第三は、米国型ＥＳＣＯと違い、成功報酬制を採用しなかった。米国型は、コスト削減の程度に応じて成功報酬として収入を得る仕組みが主流だったが、日本では成功報酬的な契約は顧客にも馴染みが薄かった。そこで考えたのは、東京ガスの費用で顧客の敷地内にガス・コージェネレーション設備などを設置し、それによってエネルギーコストを下げ、コンサルティングフィーにサービス料を加えて、それを平準化して料金をもらう方式であった。これは顧客から見れば、リース契約に近い仕組みであった。

東京ガスのエネルギーサービスには2つのパッケージがある。１つがＥＳＰ（エネルギーサービス・プロバイダ）であり、もうひとつが受託サービスである。両者を図示すると、**図表3-2**、**図表3-3**のようになる。

### ③エネルギーサービスが顧客にもたらすメリット

エネルギーサービス事業の顧客にとってのメリットとしては、以下の３つがある。

図表3-2
ESP事業

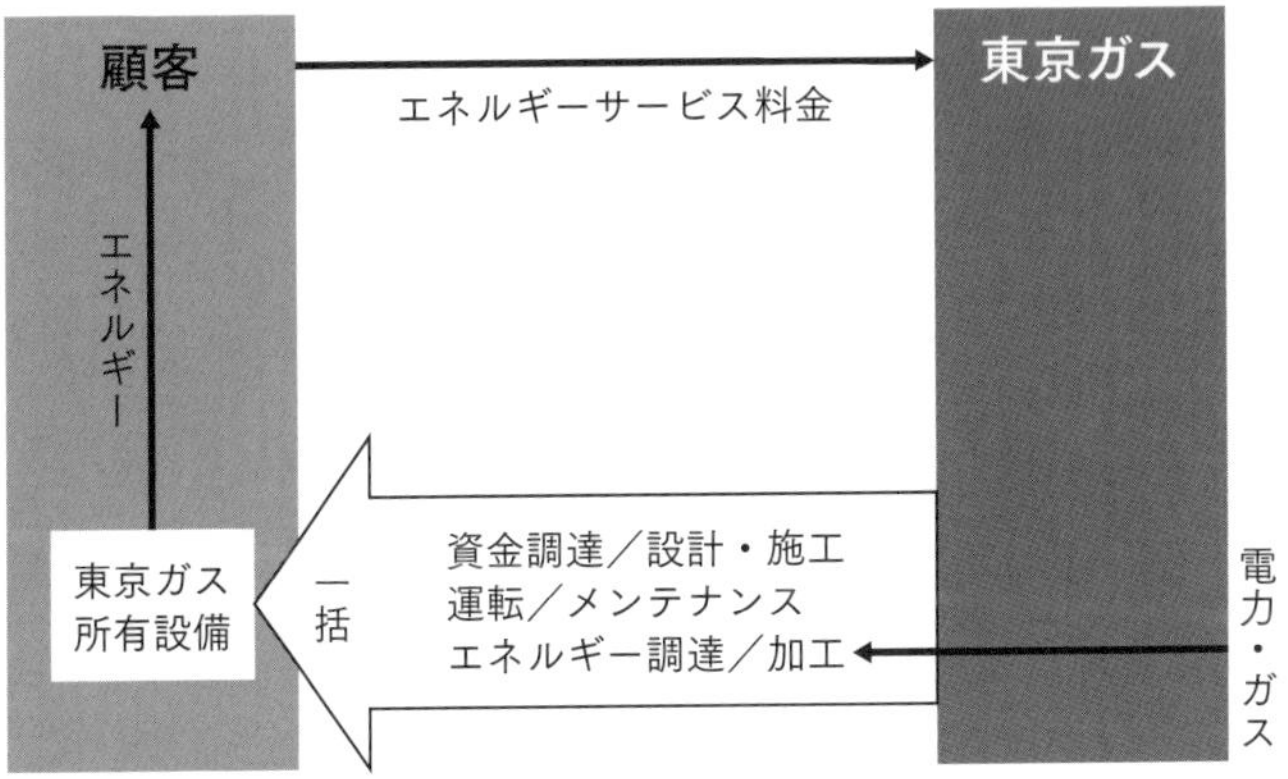


出所：東京ガスホームページより一部簡略化

図表3-3
受託事業

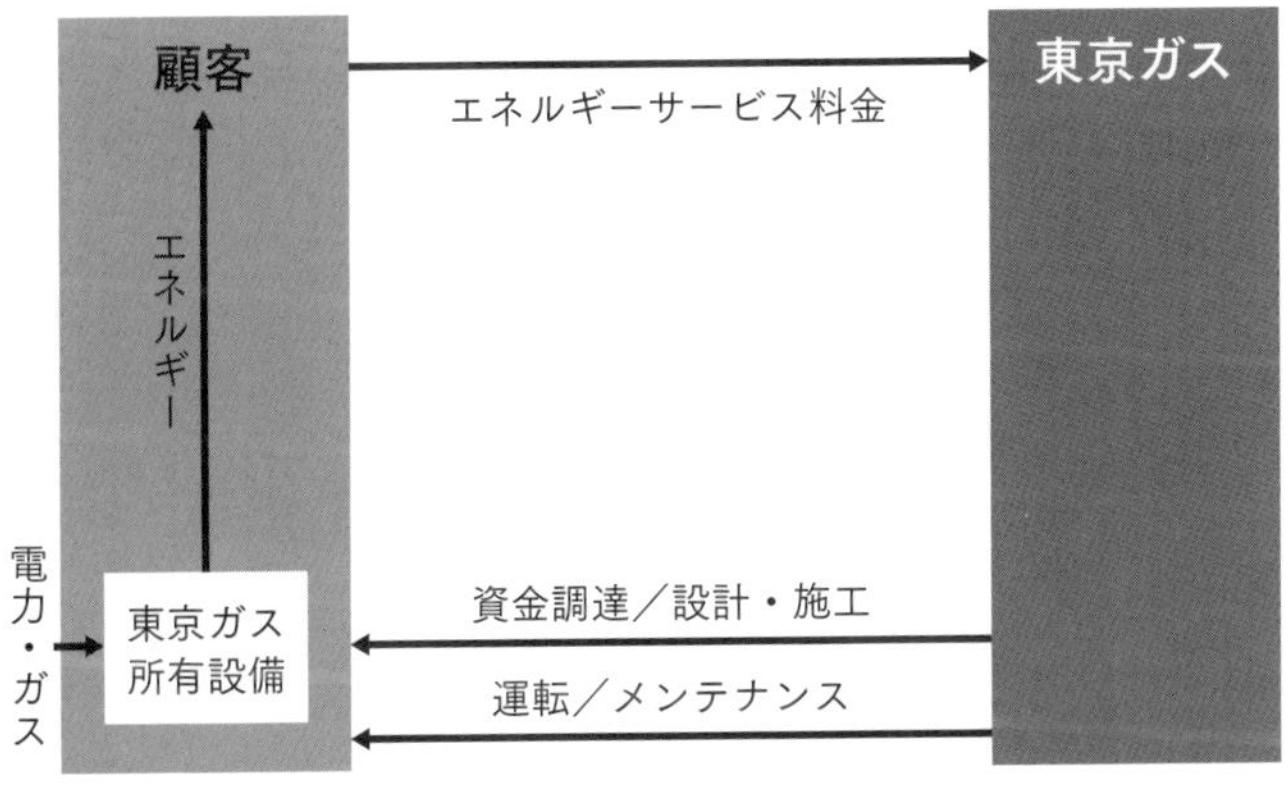


出所：東京ガスホームページより一部簡略化

第一に初期投資が不要なことが挙げられる。ガス・コージェネレーションなどの設備は東京ガスが施工・所有するので、顧客が負担する初期投資額はゼロである。これによって財務的にもオフバランス化が可能になる。

第二に、資金調達、設計、施工、運転管理までを、すべてワンストップで東京ガスに任せることができる。

第三に、費用の平準化が可能になり、予算計画を立てやすい。また、突発的な故障が起きても追加費用が発生しない安心感がある（今で言うサブスクリプションと似た仕組みである）。

## ④エネルギーサービス事業の推進

エネルギーサービス事業が普及すれば、ガスの消費量は減る可能性がある。従来、東京ガス社内の営業の評価基準は「㎥（立方メートル）」であり、営業所や代理店はガスの販売量の多寡で評価されていた。

エネルギーサービス事業はこれとは真逆のビジネスであり、いかに省エネできたかが評価される。まさに本業とカニバリゼーションを引き起こす事業だ。

そのため営業部門は、従来の評価基準ではエネルギーサービスを販売することが難しかった。

それにもかかわらず、エネルギーサービス事業を推進できたのには、次のような理由がある。

第一に、規制緩和を機に、競合の東京電力がガス事業に進出することは確実であり、東電にガスを持っていかれるくらいなら、エネルギーサービス事業で顧客を囲い込み、ガスの販売先を維持したほうがよいという考えが強かった。

第二に、エネルギーサービスは10～20年ほどの長期契約となるので、その間は継続したガスの販売とエネルギーサービス事業の収入が期待できる。

第三に、エネルギーサービスに付随する、加工賃、メンテナンス代という新たな収入も期待される。

### ⑤エネルギーサービス事業の評価尺度

営業面では、エネルギーサービス事業専用の営業体制は敷かず、従来の顧客別営業担当者がエネルギーサービスの販売も担った。エネルギーサービス事業の担当者はその後ろにいて、コンサルティングおよび運用（エネルギーサービス契約締結、省エネ工事、運用管理、メンテナンス）アドバイザーとして関与した。そして最近では、エネルギーサービス事業の営業のすべてについて、営業担当者が対応できるようになっている。

エネルギーサービス事業が始まってから、営業担当者の評価は、ガスとエネルギーサービスの2本立てになった。当初はエネルギーサービスに懐疑的な営業担当者もいたが、契約を取ると正当に評価されることから、積極的に取り組むようになった（評価基準が変われば営業担当者の行動が変わることはよくあり、生命保険の営業でも、評価基準を契約件数から契約高に変えただけで、営業職員が会社員よりも自営業者ばかり訪問するようになったという例がある）。

当初は、エネルギーサービスの販売目標は「kw（キロワット）」で、「量」の尺度で評価されていた。量での評価は東京ガスで長年続いてきた伝統的な評価方法である。しかし量で評価していると、値引きしてでも契約量を増やしたほうがよい、となりがちで、東京ガスの利益に貢献しないことも起きる。

同時に、エネルギーサービスの出現により、ガスが値引きされるというカニバリゼーションのおそれが出てきた。

また、エネルギーサービスは、顧客との長期契約によって事実上ガスを値引き販売しているので、そもそもガス本体のビジネスを食うことで成立しているという見方もできた。加工賃やメンテナンス代で値引き分は回収できているという見方もあったが、その積算は難しかった。

そこで東京ガスは、営業の評価尺度を量から営業利益に変えた。それによって営業担当者はさまざまな提案の組み合わせを考える自由度が増え、動きやすくなった。

## ⑥専門子会社の設立

年間1200万円の売上げからスタートしたエネルギーサービス事業を推進するために、2002年に専門の子会社「エネルギーアドバンス」が設立された。

エネルギーサービス事業のターゲット顧客は、工場、商業施設、オフィス、公共施設、医療機関、学校など幅広い。例えば病院の場合、エネルギーサービスを契約していれば万一停電が起きても、ガス・コージェネレーション設備で電力を供給できることが評価された。

また、当時のクライアント企業には省エネの専門家がいなかったことも、東京ガスにエネルギーサービスを任せる大きな理由であった（その後、クライアント企業も社内に専門家を抱えるようになり、近年では運営も自社で行ってガス・コージェネレーション設備の施工だけ東京ガスに依頼するところも出てきた。しかし、発電機器の購入に際し、東京ガスが機器メーカーと交渉して調達するほうが安くなるため、一部だけアンバンドリングした契約は、それほどない）。

## ⑦競合に対する優位性

エネルギーサービスをいったん契約してもらえれば、更新時にリピート受注できる確率は高い。

顧客企業の窓口担当者は40～50代が多く、10年経つと彼らは定年退職したり、異動になったりしている。その間、メンテナンスを東京ガスに任せきりにするため10～20年後には誰もメンテナンスのことがわからず、「リピートせざるを得ない」状態になるのである。

エネルギーサービスは電力会社や鉄鋼会社、ゼネコンなども手掛けるようになったが、東京ガスには次のような優位性があった。

第一に、顧客の敷地内にガス・コージェネレーション設備を設置し、東京電力よりも安く電気をつくれることを訴求した。電力会社がガス・コージェネレーションを利用したエネルギーサービス事業をやろうとすると、自社の電力が売れなくなり、まさにカニバリゼーションを起こしてしまう。そのため電力会社のほうが、ESCOによるカニバリゼーション・リスクは大きいと言えよう。

第二に、電力の自由化がガスの自由化より1年早く実施されたことが大きかった。先に攻めた東京ガスが、守りに入った電力会社よりも優位に立てた。

## 東京ガスにおけるカニバリゼーションの回避策

ガスの販売とエネルギーサービス事業は、明らかに矛盾する事業である。しかし、時代の要請として両方のサービスを提供していかなければ、エネルギー会社の将来を設計することができない。

東京ガスがカニバリゼーションを回避できたのには、以下のような理由があった。

第一に、電気の自由化がガスの自由化に1年先行したことから、競合の東京電力に取られる前に、エネルギーサービス事業を拡大しようという全社的コンセンサスが、同事業を後押しした。

第二に、営業の評価尺度を「㎥（立方メートル）」や「kw（キロワット）」から「営業利益」に変えたことである。「㎥」のままであれば、ガスを大量に売ることで評価され、省エネ事業は、むしろマイナスにカウントされてしまう。数量から金額に尺度を変えたことによって、「モノ売り」からエネルギーサービス事業に代表される「コト売り」に転換できたのである。

第三に、営業担当者の評価を、ガスとエネルギーサービスの2本立てにした。これによって営業担当者は売りやすいガスだけでなく、エネルギーサービスにも力を入れるようになった。

# ブリヂストン：リトレッド事業

## ①世界のタイヤ市場

世界のタイヤ市場は2021年に1447億ドル[*1]と言われているが、先進国の新車需要は成熟期に入っている。今後タイヤ市場は、中国、インドなどの新興国の需要が牽引していくと予想されている。

世界のタイヤメーカーのシェアは、2018年まではブリヂストンが首位を続けていたが、19年に仏ミシュランに取って代わられた。[*2]かつてはブリヂストン、ミシュラン、グッドイヤー（米）の3社で世界シェアの過半を占めていたが、2020年頃には3社合計で4割を切る水準まで落ち込み、中国、韓国などの新興メーカーの台頭が目立っている。

## ②リトレッド事業とは

ブリヂストンは、1962年に山口県でSRC（西部リトレッドセンター）の前身を立ち上げてリトレッド（retread）事業を始め、翌63年には、東日本にTRK（東部リトレッド株式会社）も設立した。そして、これらの会社で、ホット方式（リ・モールド製法：後述）によるリトレッド事業を始めた。

リトレッド事業とは、タイヤのトレッドゴム（路面と接する部分）の表面を削り、その上に新しいゴムを貼り付け、加硫し（硫黄および圧力・熱を加え、弾性や強度を高める）、再利用（リユース）する事業である。ちなみに、使用する資源の量は、新品を100とすると32で済む。

タイヤは内側のドーナツのような台の部分と、その外周の溝のある部分（トレッドゴム）の二重構造になっている。走行距離が長くなればトレッドゴムは摩耗する。そこで、この溝部分だけ新しいゴムに張り替えるのがリトレッドである。

商用車は、一般乗用車と違って走行距離が長い。トラック運送業者の場合、年間走行距離は平均して約6万キロである。そして商用タイヤの寿命は一般に8万キロと言われているため、1年強で新しいタイヤに取り替える必要がある。

リトレッドを必要とするトラック、バスなどの商用車では、従来から新車時に装着されているタイヤと交換用タイヤとでは、交換用タイヤの市場のほうが大きかった。

100台トラックを所有する運送業者であれば、タイヤ代だけで年間2千万円から3千万円かかることになる。[*3] 一方で、安全な運行のためには、安くても品質が信用できないタイヤを使うことには不安もある。

こうしたコストと安全性のトレードオフを解決してくれるのが、リトレッドタイヤである。

欧米のトラック、バスでは、新品タイヤとリトレッドタイヤの比率は半々であるのに対し、日本ではリトレッド比率は2割程度にとどまっていた。[*4]

日本でリトレッドの普及が遅れていた理由としては、以下の3点が挙げられる。

第一に文化の違いである。日本では「新品至上主義」が根強く、タイヤに関しても新品が好まれた。リトレッドタイヤ自体は何十年も前から販売されていたが、かつては「安かろう悪かろう」のイメージが強かった。

第二に、トラックの仕様の違いである。日本のトラックの多くは、車と荷台が一体となっているが、欧米では駆動車が独立した荷台を牽引するタイプが多く、牽引される荷台のタイヤには、あまり性能を追求しない傾向があった。

第三に、日本では新品タイヤのメーカー間の競争が激しく、新品タイヤの価格競争の結果、新品タイヤとリトレッドタイヤとの価格差が欧米に比べ小さかった。

### ③リトレッドの方式とバンダグ社の買収

リトレッドを行うためには、本体とも言える台タイヤに耐久性がなくてはならない。その耐久性では、ブリヂストンはミシュランと並んで一定の評価を得ていた。

ブリヂストンは2007年に、リトレッド事業で世界トップの米国バンダグ

(Bandag)社を買収し、本格的にリトレッド事業を強化し始めた。バンダグ社はもともと顧客との信頼関係を大事にしてきた会社であり、「タイヤを預かる」という言葉は、ブリヂストンがバンダグ社から学んだものだ。

リトレッドには、ホット方式（リ・モールド製法）とコールド方式（プレキュア製法）の2つがある。前者は、ブリヂストンが以前から採用している方法であり、溝が付いていない生ゴムを台タイヤに貼り付け、金型に入れて加硫し溝を付ける。この方法は生産設備が大規模で、大量生産に向く。

後者はバンダグ社が採用していた方法であり、溝が付いているトレッドゴムを台タイヤに貼り付け、加硫缶の中で加硫接着させる。これは生産設備が小規模であり、多品種少量生産に向く。

バンダグ社を買収したことで、ブリヂストンは両方式を持つことになり、顧客ニーズや地域特性によって異なるリトレッドを行えるようになった。2つの方式は今日でも併用している。

従来からリトレッドを行っていたSRCやTRKの社員にとっては、ブリヂストン本社のリトレッド強化の方針は歓迎するものの、買収したバンダグ社がコールド方式だったことから、自分たちの仕事が減るのではないかという懸念はあったかもしれない。

ブリヂストンでは、ユーザーが自社で使用していたブリヂストン製のタイヤ（台タイヤ）でリトレッドを行う「自社台方式（Customer's Own Casing）」を推奨している。そうすれば走行履歴が明らかなので、リトレッド後も安心して走行できるからである。

### ④ブリヂストンのタイヤソリューション

リトレッド事業を進めるには、新品タイヤ、メンテナンス、リトレッドの3つの要素がそろわなくてはならない。メンテナンスには、内圧管理、タイヤのローテーション（後述）、取り外し時期管理、外傷の有無や残り溝の深さなどの定期点検、ホイール取り付け・トルク管理が含まれる。これらの作業の連携によって、安全面と燃費や製品寿命の向上といった経済面のメリットが見込まれる。

ブリヂストンでは2008年から、タイヤ費用・工賃+タイヤ・メンテナンスを全社もしくは事業所単位で一括受託するトータル・パッケージ・プラン(TPP)と、タイヤ・メンテナンスのみを受託するタイヤ・メンテナンス・プラン(TMP)の2つのプランを用意した。

前者のTPPではタイヤの所有権がブリヂストンにある場合が多く、顧客は毎月定額を払い、「タイヤについてはまったく心配しなくてよい」プランである。

例えば、コンビニの配送車は普通免許の人が運転していることもあり、ドライバーはタイヤについてあまり詳しくない。このようなケースではTPPが最適であり、寒冷地において冬場はスタッドレスタイヤに換えるといった判断や作業も、すべてブリヂストンに任せることができる。トラックやバスに関しては、タイヤの装着位置を変えるローテーションが以前から行われており、その作業に工賃を払うことへの抵抗感は、もともと少なかった。

ブリヂストンとTPP契約を結んでいるある物流業者は、そのメリットについてこう述べている。

「年間の総使用タイヤ本数はかなり減っています。リトレッドタイヤを使用するので、新品タイヤを購入する本数も減りました。パンクトラブルの費用も減り、安全面でもブリヂストンの全国ネットワークのおかげで、どこで故障しても助けてもらえます」[*5]

リトレッドは、使用する原材料のコストが新品タイヤの約3分の1で済み、$CO_2$排出量も減らせる。またTPPを利用することで、顧客は業務の効率化による人件費の削減も期待できる。

大型のトラックやバスでは、一定距離を走ると前輪の左側のタイヤを後輪の右側のタイヤと交換することが多い。これはローテーションと呼ばれ、摩耗を平均化し、タイヤの寿命を伸ばすためである。しかし、ローテーションを行うためには、どのタイヤが何キロ走ったかなどを記録するタイヤ管理者が必要である。

ブリヂストンとTPP契約を結べば、その管理もブリヂストンがやってくれるので、タイヤ管理者は不要になる。運輸会社にとっては、管理の負担軽減は大きなメリットだ。

一方、TMPではタイヤの所有権は顧客に属し、タイヤ交換時やリトレッド時に、そのつど料金を払ってブリヂストンに作業を任せる。TMPは1台単位の契約が可能である。

リトレッドによる顧客のメリットとしては、経費削減（整備コスト、適切な空気圧等による燃費改善）、環境対応（$CO_2$削減、リユース）だけでなく、安全運行（車両整備）も挙げられ、それら3つをすべて提供することを、ブリヂストンでは「タイヤソリューション」と呼んでいる。

## ⑤チャネルへの配慮

販社、代理店、販売店などの流通チャネルに対しては、リトレッドの事業性をどうやって担保するかが課題であった。

リトレッドが普及すれば新品タイヤの売上げは落ち、また、リトレッド事業そのものが儲かるのか、という不安もあった。事業開始時は赤字になることが一般的だが、ブリヂストンはチャネルに対して、リトレッド事業の意義を説明するとともに、インセンティブを与えた。

また、リトレッド事業の顧客接点は、既存の新品タイヤの販売店とし、販売店で取り外したタイヤをブリヂストンの工場に送り、リトレッドが済んだタイヤは販売店で装着するという流れにした。これによって、販売店にはリトレッド事業の売上げも立つようにした。

## ⑥組織の統合

ブリヂストンは2009年、東西のリトレッド会社であったブリヂストンTRKとブリヂストンSRCを合併させ、ブリヂストン100％出資の「ブリヂストンBRM（ブリヂストン・リトレッド・マニュファクチャリング）」を設立した。これによってリトレッド事業がいっそう強化され、次のような効果が期待された。

まず、リトレッドは新品タイヤの需要と密接に関係しており、リトレッド会社が複数のままでは、情報の共有等に問題が生じる可能性があった。統合により、意思決定のスピードも速くなる。

次に、社外に向けて、「ブリヂストンはリトレッドに本気だ」というメッセージを送ることができた。100%子会社がリトレッドを一手に手掛けることで、事業の本気度や継続性などに対する顧客の不安を払拭し、安心感を高められる。

また、ブリヂストン本体の事業も、リトレッドとのシナジーを意識したものに変わった。実際、リトレッドしやすい「リトレッダビリティの高いタイヤ」が開発されており、事業としてより一貫性を高めている。

## ⑦リトレッド事業の今後

販売店も、新品タイヤの価格競争が激化して利益率が縮小しており、新品とリトレッド、タイヤ・メンテナンスの組み合わせで利益率の向上を目指そうとしている。

リトレッド事業は当初、新品タイヤの需要を食うように見え、ブリヂストン社内でもカニバリゼーションを懸念する声があったと思われる。

たしかに、リトレッドが普及すれば新品タイヤの売れ行きは落ちる。これだけを見れば単純なカニバリゼーションになるが、リトレッドの場合はそれだけではない。ブリヂストンのリトレッドは自社台方式を採用しており、顧客のブリヂストン製タイヤをリトレッドする。したがって、新品タイヤの売れ行きが落ちれば、自社台そのものが減ることになり、リトレッドできる台数も減ってしまう。このような複雑な関係があるのが、ブリヂストンのリトレッド事業である。

そこで現在では、新品、メンテナンス、リトレッドを一貫した事業として捉え、ブリヂストン全体として対応することが不可避となっている。利益率的にも、メンテナンス、リトレッドは新品タイヤを上回る貢献をしており、2020年時点でのリトレッド事業の売上高営業利益率は20%と、タイヤ事業の倍近くあり、収益面での貢献は大きい。[*6]

TPPでタイヤをメンテナンスしながら時系列で管理していくと、「あとどれくらいで交換が必要になるか」を事前に予測できる。さらに最近では、リトレッダビリティを高めた製品を開発するなど、タイヤの作り方にも変化が表れている。たとえば2013年には、トラック・バス用のタイヤで、リトレッドを2回行えるタイ

ヤを開発した。２回の張り替えに耐えられるように、土台を強くしたのだ
　将来的には、タイヤにＩＣチップ（ＲＦＩＤ）などを埋め込み、ＩＣＴを用いて
タイヤ管理を高度化していく計画である。タイヤごとの情報をクラウド上で管理し、
適切な空気圧に調整したり、タイヤの摩耗の状況に応じたリトレッドを行い、寿命
を延ばすことができるようになる。

## ⑧ソリューションの強化

　ブリヂストンは、クルマの走行データを活用して、サービスの価値をいっそう高めようと考えた。２０１９年、オランダの地図サービス大手、トムトム社の子会社であるトムトムテレマティクスを買収した。これは、２００７年のバンダグ社買収以来の大型買収だった。

　トムトムテレマティクスは、通信機器を搭載した80万台の車両から運転手や走行に関するデータを集め、安全運転や効率的ルート選定を支援するサービスを行っている。それまでタイヤからしかデータを得られなかったブリヂストンにとって、車両からもデータを得られる同社の買収の意義は大きい。

2020年7月に石橋秀一CEOが、2050年に向けてサステナブルなソリューション・カンパニーとして、社会価値・顧客価値を持続的に提供する会社になるというビジョンを掲げ、同時に中長期事業戦略構想を公表した。この構想の中で、リトレッドを含むソリューション事業は、ブリヂストンの成長ドライバーとして、明確に位置づけられた。

## ⑨構造改革

ブリヂストンは2021年2月に公表した中期事業計画（21－23）の中で、世界の生産拠点のうち約4割を減らすと宣言した。[*7]

さらに化工品・多角化事業の一部を譲渡し、経営資源をタイヤ事業・ソリューション事業などに集中するとした。

このように事業の集中と選択を進めているが、ビジネスモデルとしては、売り切りの会社から、継続的に顧客との関係を持つソリューション企業へとシフトしつつある。

## ブリヂストンがカニバリゼーションを回避できた理由

ブリヂストンがカニバリゼーションを回避できた理由として、以下の3点が挙げられる。

第一に、新品タイヤが先進国市場では成熟期に入り、新興国市場では中国や韓国メーカーとの価格競争を余儀なくされていた。そこでブリヂストンとしては、新品タイヤの販売にとどまらず、サービスを組み合わせて価値を生み、収益につなげる必要があった。

そうしたなか、タイヤに関する顧客の問題解決を強化するという全社戦略とも合致するリトレッド事業が重要だと位置づけられた。特に2020年に、中長期事業戦略構想の中で、石橋CEOがリトレッドの位置づけを明確にしたことが大きかった。

ソリューション事業の強化という全社戦略の後押しがあったため、カニバリゼーションの声が出にくくなったと思われる。ちなみに、ブリヂストンのソリューション事業の売上構成比は、2019年は15％だったが、21年には18・5％に上昇した。

第二に、新品タイヤの売上減に苦しむ販売店に対し、リトレッド事業の売上げで貢献できるようにし、インセンティブも工夫した。何の配慮もなければ、「なぜ、新品タイヤの売れ行きを鈍らせるリトレッド事業をやるのか」という声が、流通チャネルから上がっていたかもしれない。流通がリトレッドに反対の声を上げれば、ブリヂストンの営業部門もそれを感じて反発し、社内にはカニバリゼーションの声が高まっていたであろう。

こうしたチャネルへの配慮が、カニバリゼーションを回避できた大きな要因であった。

第三に、リトレッド事業を100％子会社に統合したことだ。これによって、本体からの新品タイヤの情報が、子会社にスムーズに伝わるようになった。

## 注

＊1 Report Ocean 調べ
＊2 『日経業界地図　2022年版』日本経済新聞出版
＊3 内田和成（2020）「ブリヂストンが中古タイヤを売り、本業を否定する意外な狙い」『ダイヤモンド・オンライン』　8月5日
＊4 日本経済新聞　大阪夕刊　2021年11月1日
＊5 米山茂美『ケース：ブリヂストン　リトレッド事業のイノベーション』より筆者要約
＊6 日本経済新聞　朝刊　2020年7月16日
＊7 『日経業界地図　2022年版』日本経済新聞出版

## 全日本空輸：LCCへの進出

### ①日本の航空業界の歴史

日本の航空業界は長い間、日本航空（JAL）、全日本空輸（ANA）、日本エアシステム（JAS、旧社名：東亜国内航空）の3社体制になっていた。路線も棲み分けられており、JALが国際線と国内幹線、ANAが国内幹線およびローカル線、ならびに近距離国際チャーター、JASが国内ローカル線および幹線と、運輸省（当時）が定めていた。これは「45・47体制」と呼ばれていた（45とは昭和45年を意味する）。「45・47体制」は1985年に撤廃されたが、その後も路線の免許制は変わらなかった。

一方、米国においては、1971年にサウスウエスト航空が就航して本格的なLCC（Low Cost Carrier：格安航空会社）の時代が始まった。サウスウエストは大手航空会社が使うハブ空港を避け、かつ短距離直行便のニーズがある中都市間を直行便

（ポイント・トゥ・ポイント）で結ぶことで規模を拡大してきた。

サウスウエストのやり方をまねて、１９８５年にアイルランドのライアンエアーが就航し、ＬＣＣは欧米で成長を遂げてきた。

その後日本でも、１９９６年にスカイマーク、エア・ドゥ（旧社名：北海道国際航空）などが設立されたが、日本の航空業界が大きく変わったのは、２０００年の規制緩和が契機であった。

そして２００２年10月に、業績悪化に苦しむ日本エアシステムは日本航空と経営統合し、日本の航空業界は、事実上ＪＡＬ、ＡＮＡの2社寡占となった。

なお、ＡＮＡは２０１３年に、純粋持株会社ＡＮＡＨＤ（ホールディングス）を設立した。

## ②ＬＣＣのビジネスモデル

ＬＣＣとＦＳＣ（Full Service Carrier：従来型の旅客サービスを提供する航空会社）のビジネスモデルはまったく異なる。ＬＣＣの特徴としては、次の3点が挙げられる。

第一に、ＬＣＣは同一の機種を保有し、多頻度運航で利益を上げる。同一機種に絞ることで、パイロットの訓練や配置を柔軟に行え（航空機は機種ごとに操縦できる免許が必要）、客室乗務員や整備の訓練も標準化できる。さらに、機種を同じにすることでヒューマンエラーが起きる確率が下がり、安全性の向上にもつながる。

第二に、ＬＣＣは機内でのサービスを簡素化した。これにより機体への積み込みが少なくなるほか、ターン時間（着陸から離陸までの時間）を短縮でき、多頻度運航が可能になる。

第三に、ＬＣＣは食事やアメニティ備品を有料化し、手荷物預かりも有料とした。オーディオやビデオ機器もない。これは、「全員が付帯サービスを求めているわけではない。ならば必要とする人だけが追加料金を払うほうがフェアだ」という考え方に基づいている。

## ③ANAのLCC進出

ANAのLCCへの進出は、2005年のダボス会議で、香港の投資会社ファーストイースタン・インベストメントグループのテュー会長が、当時の大橋洋治社長に「一緒にLCCをやりませんか」と声を掛けてきたことに端を発している。[*1]

当時のANA経営陣にはLCCへの拒否反応が少なからずあり、「FSCこそが航空会社の使命であり、王道だ」との意見が強かった。

しかし、世界を見ればサウスウエスト航空やライアンエアーなどが登場してLCCへの流れは止めようがなく、躊躇している猶予はなかった。そこで大橋社長は「LCCに負けるようなANAなら、飲み込まれてしまえ」[*2]と檄を飛ばし、社内の意識改革を促した。その結果、最終的にはLCCに進出することが決まり、ANAの子会社としてではなく、自立した会社としてやらせることになった。

2008年、ANAの山元峯生社長は、三菱重工から経験者採用でANAに入社し、北京に駐在していた井上慎一氏に、「3年以内にLCCを立ち上げろ」という指示を出した。

井上氏はライアンエアーの元会長、パトリック・マーフィー氏に話を聞きに行き、FSCとLCCではまったく仕組みが違うことを学び、日本での事業化計画を考えた。検討を重ねた末に、サウスウエストやライアンエアーのコピーではなく、日本の航空潜在需要を呼び起こすことに方針を絞った。そのコンセプトは、「空飛ぶ電車」であった。電車のように、気軽に使える航空会社を目指したのである。

2008年、ANA内に部下1人の社内ベンチャー（アジア戦略室）が設立され、10年12月にLCC共同事業準備室が設立された。

## ④ピーチの設立とカニバリゼーション

2011年2月に香港の投資会社ファーストイースタンとの合弁でA&Fアビエーションが設立され、そこで事業コンセプトを固め、5月には「ピーチ・アビエーション」に社名変更した。アジアとの架け橋を目指して、アジアの人に愛されるものとして「桃（ピーチ）」が選ばれた。ピーチには産業革新機構も資本参加した。出資比率はANAが33・4％、ファーストイースタンと産業革新機構がそれぞれ

33・3%であった。

ピーチのメイン・ターゲットはビジネスマンや団体客ではなく、20～30代のSNS世代の女性客とした（実際の搭乗回数では、単身赴任の男性客が多かった）。

ピーチは関西空港を拠点とし、エアバス機で運用することにした。拠点を関空にしたのは、関西地区のGDPの大きさに加え、近くに観光地が多く、24時間開港であり、かつ就航している会社が少なかったからである。

LCCへの進出は決まったものの、ANAと同じ路線に就航すればカニバリゼーションが起きる懸念があった。特に、損益責任を負っているANAの営業部門では大きな問題だった。

LCCの計画が明らかになるにつれ、LCCと重複する路線の担当者からは、カニバリゼーションを危惧する声が強くなった。逆に、重複しない路線ではカニバリゼーションの声は小さくなっていった。

ANAHDの方針として、ピーチ就航後は自由にやらせるということが公言されていたので、ANA社内では「仕方ない」というムードが生まれてきた。そればかりか現場では、「LCCに負けるようでは」と発奮する社員も出てきた。

当時の伊東信一郎社長は、LCCがFSCのシェアを奪うと考えるのではなく、「ANAブランドではなかなかカバーできなかった需要をLCCがつくり、守備範囲を広げ、トータルの収入増で利益に貢献しよう」という考え方を表明した。彼は、ANAとLCCのカニバリゼーションに関して、「当然カニバリゼーションは発生するが、LCCは他社の市場を奪うこともある[*3]」と述べている。

当時、ブリティッシュ・エアウェイズのゴーフライ、コンチネンタル航空のコンチネンタル・ライト（設立当初はCAライト）、KLMオランダ航空のバズ、デルタ航空のソニグ、ユナイテッド航空のテッド、エア・カナダのジップなど、FSCがLCCに進出した事例は多いが、その多くが必ずしも成功していなかった。[*4]

たとえば米国コンチネンタル航空はLCCのコンチネンタル・ライトを設立したが、その運営にあたってコンチネンタルは、FSCの座席予約システムを共通化すればコストを削減できると考えた。

しかし、実際に運航してみるとコストはFSCと同じくらいかかり、売上げはFSCより格段に少なく、コンチネンタル・ライトは2年で撤退することになった。


このような先行事例から学んだANAは、ピーチを本体から完全に切り離して運営することにした。社長はANAから井上氏が転籍し、客室乗務員も独自に採用した。採用に際しては、年齢、性別、国籍を不問とし、異業種出身者や外国籍者の採用を積極的に進めた。これは、航空業界の常識で運営するよりも、多様な業界や国の知見を取り入れたほうが創造性が高まると期待したからであった。

また、ローコストの象徴として、ピーチの自動チェックイン機の躯体を段ボール製にした。関空が拠点のことから、関西弁での機内アナウンスも話題を呼んだ。

ピーチ側においては、ANAの社長から自由にやっていいというお墨付きをもらっていたので、ANAに遠慮するようなことはなかった。

### ⑤ピーチ就航

ピーチは2012年3月に国内線に就航、5月には国際線にも就航した。14年に関西空港に加えて那覇空港も拠点化、15年には成田空港にも拠点を置き、16年に中国本土、17年に東南アジアにそれぞれ進出した。国際線では保有する機体の稼働効率の関係から、片道4時間以内を航路開拓の原則とした。

そして就航から3期目の14年3月期には、黒字化を果たした。

2017年にANAHDは、ファーストイースタンと産業革新機構から株式を一部取得し、ピーチへの出資比率を67％にして連結子会社にし、翌18年には出資比率を77・9％に引き上げた。

ANAとしては、成長セグメントであるLCCを伸ばすことは必須であったが、「自立」を旗印として立ち上げたピーチにとっては、出資比率の上昇はANAのコントロール下に入ることを意味した。

ピーチでは、自立性が失われるのではないかとの不安が高まったが、当時のAN

ＡＨＤの片野坂社長が関西空港まで出向いて丁寧に説明を続けたことで、不安は少しずつ解消されていった。

## ⑥バニラ・エアの設立

２０１１年には、ＡＮＡ（67％）とマレーシアのＬＣＣエア・アジア（33％）が共同で出資し、２社目のＬＣＣとしてエア・アジア・ジャパンが設立され、13年にバニラ・エアに改称された。同社の拠点は成田空港で、エアバス機での運航であった。

２０１３年６月にエア・アジアとの提携が解消され、バニラはＡＮＡＨＤの１００％子会社になった。合弁解消の理由は、親会社２社の方針の違いだと言われている。エア・アジア側は海外で成功していたＬＣＣのビジネスモデルをバニラで実現したかったが、ＡＮＡは日本に合ったサービスを求め、かつＡＮＡや傘下の航空会社との棲み分けを図る必要もあった。

エア・アジア・ジャパンのときは、欠航時のサービスなどが不十分なこともあって業績は低迷していたが、バニラ・エアではそれを改善してきた。国内路線だけでは経営上厳しいことから、バニラはソウル、台北などへの国際線も強化することになった。

## ⑦ピーチとバニラの統合

2018年3月にピーチとバニラは経営統合を発表した。存続会社となる新生ピーチは、JAL系のジェットスター・ジャパンを抜き、日本一の規模のLCCとなった。

統合の狙いは、拡大するインバウンド需要を獲得するために、アジア各国に日系LCCとしてのブランドを強く浸透させ、その受け皿となる国内のLCCマーケットの拡大を加速させることにあった。海外LCC勢やジェットスターも日本市場に攻勢をかけており、関空に拠点を置くピーチと成田に拠点を置くバニラで、路線、機材、施設といったリソースの効率的な活用を図ることで、早期に事業基盤を強化する必要があったのだ。

そのうえで規模を拡大し、中距離LCCにも参入し、海外LCCとの熾烈な競争

図表3-4

## ピーチとバニラ

| | ピーチ | バニラ |
|---|---|---|
| 設立年 | 2011年2月 | 2011年8月 |
| 設立 | ANAと香港の投資会社で設立し、産業革新機構も出資（3月） | ANAとマレーシアのLCCエア・アジアの合弁で設立 |
| 出資 | 2017年にANAが出資比率を67%に上げ、連結子会社化（※） | 2013年に合弁を解消し、ANAの100%子会社に |
| ハブ空港 | 関西空港<br>後に那覇空港等も追加 | 成田空港<br>後に中部空港も追加 |
| 社名 | 設立時はA&Fアビエーション<br>2011年5月にピーチ・アビエーションに | 設立時はエア・アジア・ジャパン<br>2013年にバニラ・エアに |
| 就航 | 2012年3月国内線初就航<br>2012年5月国際線（ソウル）初就航 | 2012年8月国内線初就航<br>2012年10月国際線（ソウル）初就航 |
| コードシェア | 2021年にANAとコードシェア開始。22年終了 | — |

※2019年1月にバニラ・エアの全株式を譲渡され、完全子会社化。ピーチへの出資比率は、ANA77.9%、ファーストイースタン7.0%、産業革新機構15.1%（2022年8月現在）となった

を勝ち抜く狙いもあった。関西圏、首都圏でのレジャーマーケット市場でのプレゼンスと、就航先のアジア各国での認知度があり、両社とも業績が堅調なタイミングでの統合となった。

先行するサウスウエスト航空やライアンエアーは、各地域のリーディングＬＣＣになるために、何社かを統合して一気に事業規模を拡大し、マーケットを押さえていた。それを見て日本のＬＣＣでも、合併による規模の拡大が必要と考えられたのである。

ちなみに、国内線旅客内に占めるＬＣＣの比率は、２０１２年は２・１％であったが、15年には10％になり、その後19年までは横ばいが続いた（国土交通省）。

## ⑧その後のピーチ

２０１９年11月にバニラとの経営統合を完了したピーチは、関西空港、新千歳空港、仙台空港、那覇空港、成田空港を拠点空港と位置づけ、首都圏からのネットワークの拡充を進めている。また、国内ナンバーワンのＬＣＣとして、引き続きアジアへの路線も積極的に展開し、「アジアのリーディングLCC」を目指している。

ピーチが就航してから関西空港の集客数は増え、関西圏のGDPにも貢献してきた。すなわちピーチは、他社のシェアを奪ったのではなく、新しいターゲットを設定し、需要を創造したと言える。

新型コロナで航空需要が落ち込んだ後、ANAとピーチは2021年8月から、5路線でコードシェア（共同運航）を始めた。これは、ANAがピーチ運航便の一部座席を買い取って、ANA便として販売する仕組みであった。

その狙いとして、以下の3つが挙げられた。[*5]

第一に、ANAの顧客にピーチを体験してもらうことによって、LCCを利用することへのハードルを下げたかった。「仕事のときはANA、レジャーではピーチ」といったように、ANAグループの中で使い分けてもらうことを狙いとした。

第二に、ピーチ便にANAの便名を付与するコードシェアとし、マイルが貯まるなど、ＡＮＡ便を利用する際の付加価値を追加して提供すれば、ピーチ便としての販売価格よりも高く航空券を売ることができ、収益の向上につながると考えた。

第三に、両社の路線の相互補完があった。当時、ＡＮＡの成田発着の国際線がほとんど運休していたため、成田発着の国内線も全面運休していた。そこでピーチ便にＡＮＡ便のコードシェアを付与することにより、旅客を競合企業に流出させずにグループ内で取り込もうとした。

当時はコロナ禍の最中であったため、国際線の需要減退に伴い、ＡＮＡ、ピーチともに国際線運航便を大幅に縮小し、機材数を削減していた。一方で国際貨物は未曾有の好調を維持しており、ＡＮＡの国際線旅客便で貨物専用輸送をするなど、グループ全体で機材、リソースを最大限に活用する1つの方法としてコードシェアを行っていた。

コードシェアやＡＮＡマイルとピーチポイントの連携、またピーチでの航空貨物の取り扱い開始など、ＦＳＣとＬＣＣの垣根を越えたグループ内連携によってピーチらしさが失われるのではないかという懸念もあった。しかしピーチのサービスは変わらず、ピーチらしさをさらに追求し続けた。行き先のわからない「旅くじ」[*6]などは、その一例である。

なお、ANAとピーチのコードシェアは、欠航時の顧客対応が両社で異なることなど、さまざまな理由から2022年10月で終了となった。そして同月からは、ANAのサイトでピーチのダイヤを表示・検索できるようにし、ANAサイトでピーチ便の予約もできるようにした。

## ⑨マルチ・ブランド企業へ

2022年3月、FSCのANA、LCCのピーチに続き、中距離国際線を運航する新ブランド「エアージャパン」で、23年度下期の国際線就航を予定すると発表した。これは運航会社エアージャパン[*7]が担う新ブランドであり、東南アジア・豪州路線を中心に、拡大が見込まれるレジャー需要をターゲットとしている。

「日本らしい『発想』と『品質』で、フルサービスでもLCCでもない、双方の

図表3-5
マルチ・ブランドの位置づけ

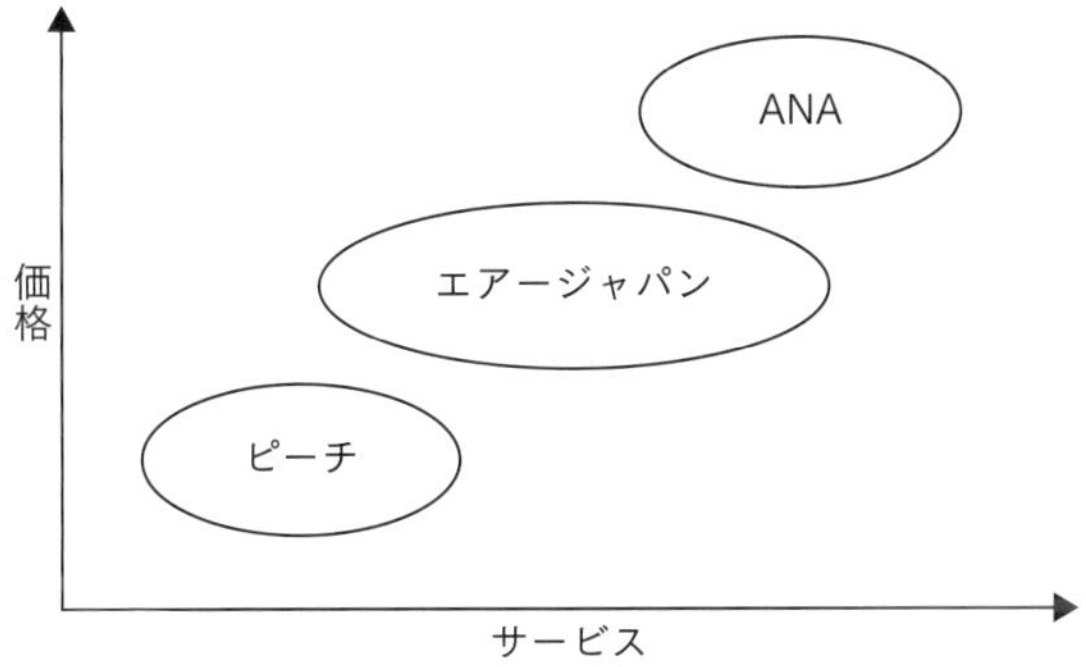


出所：「ANA ホールディングス・ニュース」第20-029号（2022年10月27日）を一部修正

良いところを組み合わせながら、まったく新しい空の旅を創り出す」というコンセプトである。これによってANAグループは、ANA、バニラ、エアージャパンの3ブランドを持つマルチ・ブランド会社となった。

そして、同年4月には、ANAHDに「エアライン事業部」が設置され、ANAグループの航空事業を一元的に考える部署が誕生した。今後の持続的な成長のためにはANAだけでなく、ピーチやエアージャパンを加えたマルチ・ブランドを包括的に捉えた戦略が必要で、ANAグループ全体として、利用者の価格・サービスにおける幅広いニーズに対応するエアライン・ビジネスを構築していくことが目的である。

## ANAでカニバリゼーションの懸念が抑えられた理由

ANAでカニバリゼーションの懸念が抑えられた理由としては、以下の4点が挙げられる。

第一に、LCC進出が公表された後、社内ではカニバリゼーションを心配する声が高まった。その路線計画などが固まるにつれて、重複する路線の担当者の間ではカニバリゼーションを懸念する声が大きくなったが、重複しない路線では、逆に小さくなった。彼ら彼女らはLCCへの進出自体に反対していたのではなく、自分が損益責任を持つ路線で売上げ・利益が減ることを心配していたのである。

第二に、世界的にLCCが拡大しているのを社員は肌で感じ取り、FSCがシェアを落とすことへの危機感を持っていた。それゆえ、JAL系など他社のLCCに取られるよりは、自社グループのＬＣＣで置き換えるほうがまだ良いと考えたのかもしれない。

第三に、就航後もＡＮＡ本体からピーチを牽制するような動きが出なかったのは、ＡＮＡの山元社長がピーチを自由にやらせることを公言し、ピーチを守る姿勢を見せていたことが大きい。トップの本気度が、カニバリゼーションを懸念する声を鎮めたとも言えよう。

第四に、後にピーチとバニラを合併させ、ＡＮＡの出資比率を上げ、ＡＮＡＨＤにエアライン事業部を設置し、ＡＮＡグループとして一体運営することにした。その結果、「ＦＳＣ vs. ＬＣＣ」という構図が消え、マルチ・ブランドを持つグループとして一体になって成長していくことを明示したことも、カニバリゼーションの抑制にはたらいた。

## 注

**＊1** 大橋洋治「私の履歴書㉗」日本経済新聞　２０１７年4月28日

**＊2** ＊1と同じ。

**＊3** 『日経ビジネス』２０１２年3月19日号

**＊4** Casadesus-Masanell R. and J. Tarzijan (2012) LAN Airlines：When One Business Model Isn't Enough Harvard Business Review, Jan.-Feb., pp.132-137（高橋由香里訳（２０１４）「ラン航空：異質な収益モデルを共存させる」『DIAMOND ハーバード・ビジネス・レビュー』Apr. pp.90-100）および、遠藤伸明（２０１３）「航空会社における事業構造の変化」『東京海洋大学研究報告』第9号、pp.79-87

**＊5** 『日経ビジネス』２０２１年11月8日

**＊6** 「旅くじ」は、1回5千円で購入できるガチャ（カプセル玩具自販機）風の商品であり、カプセルの中に、ランダムに選ばれた行き先と、その路線にだけ使えるピーチのポイントを得られるコードが書かれている。

**＊7** エアージャパンは、１９９０年にＡＮＡ１００％出資で国際チャーター便を目的としたワールドエア・ネットワークとして設立され、２００１年にエアージャパンに社名変更された。その後、国際旅客便と貨物便をＡＮＡブランドで運航している。さらに23年下期にはエアージャパン・ブランドでの運航開始を予定している。

# 第4章

# ビジネスモデルのカニバリゼーションへの9つの対処法

# カニバリゼーションを克服する方法は

前章では、カニバリゼーションのタイプを置換・併存・共生に分けて日本企業の事例を見てきた。本章では最終章として、カニバリゼーションを克服する方法を考えてみよう。

置換・併存・共生の中では、置換だけが既存ビジネスモデルからの撤退を必要とするので、

①収益事業からの撤退

についてまず考える。

そして以下は、置換・併存・共生に共通する克服方法として、

②トップが防波堤になる
③機能による事業の定義
④顧客から価値の対価をもらう
⑤評価尺度を変える
⑥評価を別立てにする
⑦チャネル企業への配慮
の順に解説していく。

## ❶収益事業からの撤退

ビジネスモデルの「置換」においては、利益の出ている既存ビジネスモデルの事業から、どれだけスムーズに撤退できるかがカギとなる。

新しいビジネスモデルの事業は始めたばかりのため、通常は赤字である。一方で、既存のビジネスモデルの事業は黒字であることが多い（既存事業が赤字であれば、既に撤退している可能性が高い)。

黒字の事業から撤退して赤字事業に賭けるようなことは、企業の意思決定としてはありえない。合理的に考えれば、少なくとも黒字事業は継続することになる。

しかし、ここに罠が隠れている。新旧ビジネスモデルの事業を両方とも継続すれば、投じられる資源が分散し、どちらも中途半端な展開になってしまう。また、そこに働く社員も、両天秤の状態から抜け出せなくなってしまう。

ぴあのケースでは、創業者をはじめとするトップ・マネジメント層が、情報誌『ぴあ』が提供してきた「検索」は、ネットのほうがより適していると考え、当時黒字だった情報誌から思い切りよく撤退した。

リクルートでも同様に、ウェブに適した情報誌は、比較的短期間で休刊にした。一方で、ウェブよりも紙媒体が適していると判断した『ゼクシィ』などは、雑誌の発行を続けた。

第3章の事例以外では、アドビの売り切りパッケージ・ソフトからの撤退が挙げられる。アドビは従来、クリエイター職では必需のソフトをパッケージ販売の形で提供してきたが、2011年にダウンロードでソフトを利用してもらうサブスクリプションへのビジネスモデルの転換を宣言し、黒字であったソフトの売り切り販売を停止した。

社内的には、黒字であったパッケージ・ソフトの販売を続けたいという声もあったが、撤退はトップダウンで実行された。

また、事例はやや古いが、ヤマト運輸の宅急便の開始時にも、収益事業からの撤退があった。ヤマト運輸は長距離輸送の免許を持ち、また長い間経営の柱となった三越の配送も請け負う大手運送会社であった。高度成長経済の中、祖業は黒字であったが、集積度を高めた短距離・多頻度配送で利益を上げるビジネスモデルのまったく違う宅急便に進出するにあたり、50年続けてきた三越の配送を中止した。社内的には、「背水の陣で宅急便に全力を振り向ける」[*1]決意の表れと捉えられた（実際には、当時の三越の岡田社長が、一方的な値下げを要求したり、配送のために駐車しているヤマト運輸の車からも駐車料金を取ると言い出し、それにヤマト運輸の小倉社長が反発したという生々しい現実もあった)。

宅急便のビジネスモデルについていけないドライバーの離職もあったが、撤退の決断が、今日のヤマト運輸の運命を決めたとも言える。

このように、置換をスムーズに行うためには、仮に黒字であっても既存のビジネスモデルから思い切って撤退することが必要であり、この「不合理な」決定を下せるのは、トップ・マネジメントのほかにはありえない。

## ❷トップが防波堤になる

ある事業の売上げを意図的に減らして、他の事業の売上げを増やすという意思決定は、トップ・マネジメントにしかできない。ミドル・マネジメントは、「自らが担当する事業の極大化」という使命を担っているからである。

既存のビジネスモデルの事業にもう1単位追加投資すれば、そのぶん確実なリターンが望めるが、新しいビジネスモデルの事業への投資は不確実性が高い。このような状況で、短期的には明らかに「不合理な」意思決定ができるのは、全社の長期的発展に責任を負うトップ・マネジメントだけである。

ANAでは、ANAホールディングスの山元社長と伊東社長が、LCCピーチの井上社長を守り、自由にやらせると宣言をした。

また凸版印刷でも、電子チラシ事業を守り育てるうえで大きく貢献したのは、金子社長のリーダーシップであり、新しいビジネスモデルである電子チラシの売上げを立てることを、すべての事業部に課した。

さらに、ブリヂストンでは石橋CEOがソリューション事業の強化を打ち出し、その中でリトレッドを成長ドライバーと位置づけたことが大きい。

そのほかの事例としては、仏教系書籍の出版事業から、インターネットをベースとした終活インフラ事業に転身した鎌倉新書があるが、そのビジネスモデル転換はけっして順風満帆ではなかった。ネット事業を開始した当初、祖業である出版事業では深夜まで社員たちが働いていたが、売上げがまだゼロだったネット部門の社員たちは定時退社していた。それが原因で、部署間に軋轢が生じていた。

そして「社長はどっちにつくんだ」と社員たちから突き上げられた当時の清水祐孝社長（現会長）が、「会社はインターネットの将来に賭けたい」と意思表明すると、書籍の編集部員が次々と会社を辞めていったという。

そのときの教訓から清水社長は、「事業の転換に組織の軋轢は不可避」[*2]と述べている。そうした軋轢を乗り越えられるのは、トップ・マネジメントしかいないと言えよう。

## ❸ 機能による事業の定義

かつて、セオドア・レビット（1960）は、「事業を定義する場合、製品で定義するのではなく、市場で定義するほうがよい」と述べた。製品での定義はモノによる定義であり、市場での定義は機能による定義と言い換えてもよいであろう。機能

図表4-1
事業の定義の変更

| | 製品志向の定義 | 市場志向の定義 |
|---|---|---|
| セコム | ガードマンによる警備 | 安全と安心の提供 |
| 鎌倉新書 | 仏教関連の出版社 | 葬儀の情報加工業 |
| 富士フイルム | 写真フィルムの会社 | イメージング＆インフォメーション※ |
| 凸版印刷 | 印刷会社 | 情報を加工する会社 |
| リクルート | 情報誌の会社 | マッチング・ビジネスの会社 |
| タニタ | 健康をはかる | 健康をつくる |

出所：筆者作成
※現在は、ヘルスケア、マテリアルズ、イメージング

とは、「その実体や現象に不可避的、普遍的に存在している本質的目的ないし役割[*3]」のことである。例えば、時計の機能は「時を知らせる」ことにある。

よく語られるケースとして、米国の映画会社の多くが衰退するなかで、ウォルト・ディズニーが成長を続けてこられたのは、多くの映画会社が自らの事業を「映画の制作」と定義していたのに対し、ディズニーは「エンターテイメントの企業化」と定義していたからだと言われている。

製品志向のモノで定義をしていると、既存のビジネスモデルに対して、新しいビジ

ネスモデルは「食い合うもの」「対抗するもの」として捉えられがちである。ガードマン会社に、ただ機械警備事業を導入しようとすれば、雇用が奪われるとして、抵抗にあう可能性は高い。

しかし、市場志向の機能で定義することによって、既存の事業と新しい事業は、同じ事業ドメインに入るようになり、カニバリゼーションはより起きにくくなる。

リクルートは早い時期に自社の定義を、「情報誌の会社」から「マッチング・ビジネスの会社」に転換したため、紙かウェブかは手段の違いにすぎなくなった。ぴあに関しては、もともと検索機能をウリにしており、紙媒体よりもウェブのほうが検索機能に適していると合理的に判断して、ビジネスモデルの置換が進んだ。凸版印刷も、自社の定義を「印刷会社」から「情報を加工する会社」に転換し、電子チラシ事業などを推進しやすくなった。

そのほかの事例としては、タニタは過去においては、「健康をはかる」という事業の定義をしていた。そこでは、体重計、体組成計に代表される各種計測機器の開発・販売を進めてきた。しかしその後「健康をつくる」に事業の定義を変え、女性向けフィットネスの「フィッツミー」(2004年)、丸の内タニタ食堂(2012年)、「企業向け集団健康づくりパッケージ」(2014年)などを次々と展開してきた。一見、メーカーからサービス業へのビジネスモデルの転換にも見えるが、タニタにとっては、同じ事業ドメインの中での事業拡大であったと言える。

## 4 顧客から価値の対価をもらう

新しいビジネスモデルが、既存のビジネスモデルよりも低コストで運営できる場合、顧客が値下げを求めてくる可能性もある。

しかし、新しいビジネスモデルを成功させた企業では、価格を「コスト・プラス」で設定するのではなく、顧客に提供する「価値」で設定したため、値崩れが起きることはなかった。

リクルートでは、紙媒体からウェブにビジネスモデルを変えたことで、製作コストは効率化された。しかしクライアントは、リクルートの情報誌の「広告効果」に対価を払ってきた。したがって、紙からウェブになっても、広告料を下げる必要はなかった。逆に、ウェブにしたことで、消費者が広告を認知する確率が高まったうえ、就職のエントリーや宿泊予約なども簡単に行えるようになって利用者が増え、クライアントの広告効果は高まったのである。

凸版印刷も、チラシの製作原価は電子チラシのほうが紙よりも安かったが、クライアントは広告効果に対して対価を払ってくれたため、値下げ要求はほとんど出なかった。

両社とも、「広告費」としてクライアントから対価をもらっていたこともあるが、コストではなく新しいビジネスモデルの価値を顧客に訴求できたことが、カニバリゼーションを防ぐ要因になったと言える。

またエプソンの大容量インクタンク搭載プリンターは、大量印刷における経済性だけでなく、長期間インクの心配をしなくて済むという安心感も提供した。

さらにブリヂストンのリトレッドは、TPP契約を結べば、単なるタイヤの張り替えではなく、「タイヤのことは考えなくてよい」という価値を顧客に提供した。

そのほかのケースとして、小型電動工具の多国籍企業ヒルティは、電動工具が世界的に価格競争になるなか、顧客のニーズをあらためて探った。その結果、工具一式をそろえて現場に運ぶことと、工事終了後に持ち帰ってメンテナンスすることが大変だという声が集まった。

そこでヒルティは、工具を売り切りで販売せずに、必要な工具一式を現場に届け、工事終了後はそれを回収し、メンテナンスするビジネスモデルを始めた。これを「フリート・マネジメント」と呼んだが、その料金は通常のリース料より高く設定された。

しかし契約期間終了後、顧客の多くがリピート契約をした。リースより高いのに、なぜリピーターになったのか。それにはさまざまな要因があるが、とりわけ大きいのが、事故の頻度が大幅に減ったことである。

買い取った工具であれば、多少異音がしても騙しながら使う職人が多かったが、フリート・マネジメント契約をすれば、異音に気づいて連絡をすると、すぐに新品に近い代替機が届けられたのである。

リピート顧客は、フリート・マネジメントの「工具を安全に使える」価値に、対価を払っていたのであった。

さらに寺田倉庫も、価値の対価を顧客からもらうビジネスモデルに転換した事例と言える。寺田倉庫は中堅の倉庫会社である。倉庫業は規模の経済性が働き、大きな倉庫を好立地に持っている大手企業が有利である。また景気の影響を受けやすく、競争も激しいため、価格の主導権を倉庫会社が取ることは難しかった。

そうしたなか寺田倉庫は、自社の事業を「保存」から「保管」に変えた。顧客の荷物を一時的に預かることを「保存」とすれば、出庫後に使用・利用する際の価値を上げることが「保管」である。

そこで始めたのが、ワイン、美術品、楽器、貴重品の保管ビジネスである。これらは、スペースをただ貸すのではなく、厳密な温度・湿度管理を施し、セキュリティ管理も強化した。そのためにソムリエや美術品専門スタッフも置き、従来のスケールメリットの効く価格競争とは違う、新たなビジネスモデルを作り上げた。

保管料の単価は通常の倉庫業より高いが、顧客は預けた品物の価値が出庫後に高まることを期待して対価を払っているのである。

## 5 評価尺度を変える

人間は、評価尺度によって行動や意識が変わる生き物である。一般に、会社の評価尺度には、〝過去の〟主力事業を正確に反映する尺度が選ばれている。

日本製鉄では、祖業の鉄の業績が把握しやすい「生産量：トン」という尺度が使われ、「丸の内の大家さん」と呼ばれてきた三菱地所では、顧客に賃貸しているスペースを表す「平方メートル」が社内の評価尺度として使われてきた。

そのほか、**図表4-2**に掲げたようなものが、各社の伝統的な評価尺度として使われてきた。

図表4-2
## 伝統的な評価尺度の例

| 企業名 | 伝統的な評価尺度 |
| --- | --- |
| 日本製鉄、JFE | トン |
| 東京ガス | 立方メートル |
| 三菱地所 | 平方メートル |
| ANA | ユニットレベニュー<br>（収入÷（総座席数×輸送距離）） |
| 椿本チエイン | リンク数 |
| ブリヂストン | トン |
| KDDI | ARPU（1回線当たり売上） |
| 日本生命 | S（Sum Insured：保険金額） |
| パルコ | 坪効率 |
| アサヒビール | ケース |
| キリンビール | キロリットル |
| レンゴー | 平方メートル、トン |

出所：筆者作成

ぴあでは、薄利多売のチケット販売に依存しすぎないように、事業を見る評価尺度を売上高から利益率にシフトした。

東京ガスはエネルギーサービス事業を進めるにあたり、営業の評価尺度を、立方メートル（ガスの供給量）から営業利益に変えた。もし評価尺度が立方メートルのままであったら、省エネを提案するエネルギーサービス事業は成長しなかったであろう。

また凸版印刷本体では、売上高、営業利益などが評価尺度として使われてきたが、電子チラシ事業を行うワン・コンパスでは、これらに加えて、掲載店舗数、ユーザー数などが評価尺度になった。

同社では電子チラシ事業を始めた頃に、社長が売上志向から利益志向への転換を打ち出したことも大きかった。これによって、売上高では紙のチラシに及ばないが、利益率の高い電子チラシが社内で評価されやすくなった。

本書のケース以外では、KDDIは2016年3月期から、従来社内で使われてきた評価尺度のARPU（Average Revenue Per Unit：1回線当たりの売上高）を、ARPA（Average Revenue Per Account：1契約者当たりの売上高）に改めた。

これは、1人の顧客がスマホに加えて、タブレットやWi-Fiルーターなど複数の端末を利用するマルチデバイス化の流れの中で、その実態をより正確に把握し、またその流れをさらに進めるための評価尺度の変更であった。すなわち、「1人に複数の端末を使ってもらって収入を伸ばすこと」を、評価尺度の上でも明確にしたのである。

パルコも、かつては「坪効率」という、単位面積当たりの売上げ・利益を評価尺度にしていた。テナントビルでは、最上階に集客力のあるテナントを誘致し、来店客が階を下りてくる過程で買い物をしてくれる「シャワー効果」を得ることが望ましいと言われてきた。しかしパルコでは、例えばTSUTAYAを最上階に誘致することはできなかった。それは、TSUTAYAのレンタルDVDの売上げでは、装飾品やブランド雑貨に比べて坪効率が著しく悪く、誘致できなかったからである。

その後パルコは、2020年に大丸・松坂屋のJフロントリテイリングの傘下に入り、大丸・松坂屋の不動産事業がパルコに移管されて強化されることになり、坪効率だけが絶対の尺度ではなくなってきた。

## 6 評価を別立てにする

一般に営業担当者は、売りやすい製品・サービスと、売りにくい製品・サービスの両方が与えられたら、売りやすいほうを売ってノルマを達成しようとする。また、新しいビジネスモデルの事業に慣れるよりは、既存のモデルでノルマをこなすほうが容易である。

ANAのように、新しいビジネスモデルの事業をまったく別の会社の営業担当者(ピーチやバニラの社員)が担うケースもあるが、同じ営業体制で新しいビジネスモデルを推進するのであれば、評価の別立てが必須条件となる。

リクルートでは以前から、新しい事業を始めるときには営業担当者の売上げノルマを別立てにし、売りやすい既存事業だけでノルマ達成とはならない仕組みを作っていた。もし新旧に関係なく売上合計額だけで評価していたら、新たな学習や手間を必要とする新しいビジネスモデルに、営業担当者のエネルギーは向かわなかっただろう。

凸版印刷では、電子チラシ事業を推進するために、当該部門にとどまらず、他の事業部においても、電子チラシの売上げを別立てで毎月報告させるようにした。これは、新事業の推進がスムーズにいくように、全社員の関心を電子チラシなどの新事業に向けさせ、カニバリゼーションに反対する声が上がらないようにするためでもあった。

東京ガスでも、ガスの販売とは別に、エネルギーサービス事業の売上げも営業担当者の達成目標とし、それを正しく評価してきた。

逆のケースとして、評価尺度を別立てで持てなかった事例を紹介しよう。

その昔、トヨタ自動車が住宅事業に進出した直後には、自動車の営業担当者が住宅も売る体制となっていた。車と住宅とでは、単価が違うことはもちろんだが、購入意思決定の長さも、購入頻度も、アフターサービスもまったく違う。それにもかかわらず営業担当者は同じであったため、住宅販売の成績を何らかの方法で評価しなくてはならなかった。

当初トヨタでは、「住宅を1軒売ると、クラウン（セルシオ）何台分」というようなカウントがされていたと言われている。[*4]

しかしこうした評価尺度では、車の営業担当者は売りやすい自動車を売ることに注力し、なかなか住宅の実績は上がらなかった。

その後トヨタでは、住宅部門をトヨタホームとして別会社化し、営業も別の専任者が行うことになった。

## 7 チャネル企業への配慮

ビジネスモデルを転換するとき、社内の資源であれば組み換えはなんとかできる。例えば、既存のビジネスモデルの事業への投下資源を徐々に減らし、新しいビジネスモデルの事業に振り向けることは可能である。時間をかけて人員を異動させたり、工場を集約していくこともできる。

しかし、社外のパートナー企業にビジネスモデルの転換を迫ることは、資本関係があったとしても難しいし、資本関係がなければなおさらである。ビジネスモデルの転換でいちばん影響を受けるのが、既存のビジネスモデルの製品・サービスを販売していた流通チャネルに連なる企業である。

彼らは、既存のビジネスモデルの下で生きてきたわけであり、その事業の拡大にエネルギーを注いできた。それゆえ、急に新しいビジネスモデルに転換することはできない。だが、それを座視していれば売上げが減っていくだけだ。苦境に立たされた流通チャネルに絡む企業がカニバリゼーションの声を上げれば、彼らと日常的に接している営業担当者は会社と取引先の板挟みになり、カニバリゼーションへの懸念を表明するであろう。

この問題に対処するには、新しいビジネスモデルへの転換を進めても、流通チャネルに絡む企業の売上げ・利益を急減させないように、事前に何らかの工夫が必要になる。

ぴあにとってプレイガイドは、流通業で言う〝小売店〟に当たる。プレイガイドは消費者との接点であり、長年ぴあのパートナーであった。

ぴあはネット販売のチケットぴあを始めるにあたって、プレイガイドを外すのではなく、プレイガイドにチケット発券端末を置いた。これによって、手数料をプレイガイドに落とすだけでなく、当該プレイガイドが扱っていなかったチケットも発券できるようにして、プレイガイドとのウィン-ウィンを図った。

ブリヂストンは国内でリトレッド事業を始めたが、リトレッドが進めば当然、新品タイヤの販売本数は減る。そうした状況で系列の販売店を脅かさないために、リトレッド事業の売上げを販売店が立てられるようにした。実際のリトレッド事業はブリヂストンが行うが、窓口として販売店を残し、そこに売上げを計上させたのである。

エプソンが新興国市場で大容量インクタンク搭載プリンターを発売したときも、プリンター本体の販売価格を高く設定し、消耗品が売れずに低迷していた流通業者に歓迎された。日本でも「2年分のインク代の先取り」は、販売店には有難かった。

リクルートは紙の情報誌時代に、トーハン、日販という取次会社を使わず、コンビニや書店に情報誌を直販していたため、取次会社の売上げ急減を招かず、雑誌の発行停止を比較的スムーズに進められた。

そのほかの事例としては、富士フイルムのケースが挙げられる。同社はもともとフィルムを直接小売店に販売せず、資本関係のない特約店4社を通じて販売していた。そして特約店や卸は、フィルム以外にもさまざまな商材を扱って売上げを立てていた。そのため、富士フイルムがフィルム・カメラからデジカメに転換したときも、フィルムの販売が落ち込んでも、他の商材で流通業者を支援して、大きな混乱なく進めることができた（フィルム・カメラからデジカメへの転換は、アナログからデジタルへという製品の転換だけでなく、ジレット・モデルから売り切りへのビジネスモデルの転換でもあった）。

## カニバリゼーションをあえて生み出す

これまで本書では、「カニバリゼーションは避けるべきもの」という前提で議論を進めてきたが、はたしてこの考え方は望ましいのであろうか。

活力を維持して成長を続けている企業は、あえて社内にカニバリゼーションを発生させ、それを乗り越えることでステップアップしていくことが少なくない。今回取り上げた事例の中では、ANA、リクルート、凸版印刷、東京ガス、エプソンなどは、トップ・マネジメントの意思により、あえてカニバリゼーションを社内に引き起こし、事業を進化させてきた。

それ以外の事例でも、アマゾンやネットフリックス、ヨドバシカメラや丸井（次項で詳述）などでは、経営者自らがカニバリゼーションを奨励し、それを踏み台にして会社を成長させてきた。

企業が複数のビジネスモデルを提供し、顧客がどちらを選択すべきか迷って、他社に流れてしまうようなことは避けなくてはならない。しかし、社内でのみ軋轢を生むようなカニバリゼーションは、成長への踏み台と割り切るほうが望ましいのではないだろうか。

そうしたカニバリゼーションをあえて社内に発生させるためには、次の2点が重要になる。

⑧競合に奪われるくらいなら、自社で食う
⑨組織の分離と統合

## 8 競合に奪われるくらいなら、自社で食う

これは、「競合企業に奪われるより、自社（自社グループ）で食うほうがいい」というポリシーを、トップダウンで社内に浸透させることである。

会社の中で最もカニバリゼーションを恐れるのは、既存事業の損益責任を負っている事業部長／部長である。彼ら彼女らにとって、自部門の業績を危うくする新事業は脅威であり、ブレーキをかけたくなるのも無理はない。部分最適と批判されようが、自部門の損益を守る責任を負っているからである。

こうした状況下で、カニバリゼーションを厭わない方向に組織を導くには、カニバリゼーションを肯定的に捉えるメッセージがまず必要になる。

リクルートには、「外部にディスラプトされるくらいなら、自ら死神軍団（ディ

スラプター）を抱えてしまう」[*5]という考え方が以前から浸透していた。そのため紙媒体からウェブへの転換は比較的スムーズに進み、グローバルで競合すると目されていたインディードに関しては、自ら買収するに至った。

また、ANAがLCCへの進出を決めた当時は、海外のLCCの隆盛や、JALグループのLCC進出が間近に迫っており、他社に顧客を奪われるくらいなら自社グループで取ろう、という気運が醸成されていた。

東京ガスのエネルギーサービス事業に関しては、売上高で2・5倍（2022年3月期）の東京電力が同様のサービスを強化しており、「（長年のライバルである）東電には負けられない」という対抗意識が強まっていた。

既存事業とカニバリゼーションを引き起こす新事業に対して、アマゾンの創業者ジェフ・ベゾスは「自社の基幹事業を滅ぼすつもりでやれ」[*6]と鼓舞してきた。ベゾスの強いリーダーシップによって、カニバリゼーションを引き起こす可能性が高いアマゾン・マーケットプレイスを拡大し、電子書籍に参入し、音楽配信、動画配信を進めてきた。

もしアマゾンがこれらの事業を自社でやっていなければ、カニバリゼーションを恐れる必要のない新規参入企業によって、これらの領域は奪取されていたであろう。

このような市場のダイナミズムは、クリステンセンの『イノベーションのジレンマ』でも指摘されている。新しいビジネスモデルが登場した直後は、その市場は小さく、かつ顧客ベネフィットも既存のビジネスモデルより劣っていることが多い。それゆえ、既存のビジネスモデルで成功している企業は、新しいモデルに転換する決断がなかなかできない。一方、何のしがらみもない新規参入企業は、新しいビジネスモデルによって事業の質を高めていき、次第に既存のビジネスモデルの企業の市場を奪っていく。

トップダウンでカニバリゼーションを起こした事例としては、富士フイルム、ヨドバシカメラ、丸井なども挙げられる。

先にも触れたが、富士フイルムは銀塩フィルムがまだ売れていた1988年に、世界初の本格的なフル・デジタルカメラを発表した。デジカメはフィルム・カメラとカニバリゼーションを起こす事業であり、ライバルのコダックでは、フィルム部門とデジカメ部門の間で激しい衝突があった。[*7] 他方、富士フイルムは事業ドメインをフィルムの会社からイメージング&インフォメーションに拡張し、積極的にデジカメへの置換を進めていった。

また、ヨドバシカメラは、アマゾンなどのECサイトで家電が売られるようになり、実店舗にも危機感が高まったが、「クリック・アンド・モルタル」と呼ばれる、実店舗とネットの両輪経営にいち早く舵を切った。現在では、実店舗の値札にスマホをかざすと、同社のサイトにつながる仕組みも作っている。

丸井は、2019年頃から店舗内に「売らない店」を誘致した。[*8] 店舗で商品の現物を見て、後からECサイトで購入する「ショールーミング」の消費者が増え、丸井も危機感を持った。しかし、丸井は「売らない店」を意図的に始めたのである。

丸井にとってECは、店舗販売とカニバリゼーションを起こす事業であったが、逆にそれを店舗に取り込んだ。

丸井が誘致したオーダーメイド・スーツやコスメティックスの店舗では、試着、採寸、お試しだけを行い、販売はしない。そのため「売らない店」と呼ばれている。店員に購入を促されることがないことから、消費者も気軽に訪れることができる。なお購買は、その店舗のECサイトで行われる。

店舗で販売しないので丸井は損をしているように見えるが、ショップから出店料をもらうほか、丸井のカードで決済してもらえば金利収入が得られる。また、新興のECショップに対して丸井は店舗運営ノウハウを有償で提供し、さらに出資もしている。ショップが大躍進すれば、保有株を売却してキャピタルゲインも期待できるのである。

## 9 組織の分離と統合

事業の立ち上げ期には隔離しても、事業の強化段階では統合すべきということが、オライリー&タッシュマン（2016）の『両利きの経営』でも述べられている。新事業の立ち上げ期に本業の進め方を踏襲すると、かえって立ち上がりにくくなってしまうため、隔離して自由にやらせることが求められる。

勤務状況の違いも、カニバリゼーションを意識させる要因となる。一般に、自部門が多忙なときに他部門がのんびり仕事をしているのを見ると、同じ会社なのになぜ自分たちだけが、と不公平感を感じるものだ。

ANAはピーチの創業期には、地理的にも本体と分離し、関西空港を拠点に自由な発想でやらせた。社長も「ピーチらしさ」を打ち出すことに注力し、採用やプロモーションでは従来のANAにはないやり方がとられた。

凸版印刷の電子チラシ「シュフー（Shufoo!）」も、当初は本社内で事業を開始したが、マピオンと合体させて別会社化し、印刷業とは切り離した。特に採用面では分離が有効に働いた。

一方、新事業の強化段階になっても分離したままでは本体の経営資源が活かせず、単なるスタートアップ企業と変わらなくなってしまう。そのため、本体の資源を活用しやすいように、一体となって事業を行っていくことが求められる。

リクルートのインディード事業は、M&A直後はまったく別の組織で営業していたが、途中からは、リクルートのHR事業からインディードのサイトに連携する仕組みを作った。

チケットの店舗販売とネット販売との間でカニバリが生じていたぴあでは、両組織を統合し、同じ目標で動けるようにした。

ブリヂストンは、リトレッド事業を本格的に推進するために、複数の子会社でやっていた事業を100%子会社に統合した。これによって新品タイヤとの情報連携も取れるようになり、さらにはリトレッドしやすいタイヤの開発も行われるようになった。新品、メンテナンス、リトレッドを一元的に運営する体制に改めたことで、中古タイヤに不安を抱いていた顧客の信頼性も高まった。

ＡＮＡの場合は、ＡＮＡグループとしてＬＣＣをどう育てていくかを考える段階に入り、ピーチとバニラを合併させ、新生会社への出資比率を上げて、ＡＮＡＨＤ（ホールディングス）の傘下に収めた。そしてＡＮＡＨＤにエアライン事業部を設置し、ＦＳＣとＬＣＣを一元的に考えていくことにした。ピーチへの出資比率を上げたことでピーチの独立性は以前より薄まったが、ＡＮＡＨＤはピーチも含めてグループ全体の路線のポートフォリオを組めるようになった。

部門（部署）レベルの統合の例としては、エプソンの大容量インクタンク搭載プリンター「エコタンク」が挙げられる。

エプソンのプリンターは、国内では家庭用プリンターがジレット・モデルで利益を上げていたが、海外向けに開発したエコタンクのニーズが国内にもあると気づき、日本でも発売することになった。しかし、エコタンクは従来のジレット・モデルを崩す可能性があり、社内ではカニバリゼーションの懸念が生まれた。

そこでトップが下した結論は、従来型プリンターとエコタンクを同じ事業部で販売することであった。そうすれば、どちらが売れても事業部の売上げに貢献するわけで、事業部長がカニバリゼーションを心配する必要はなくなった。

当時、従来型のプリンターでは本体の価格競争が激しく、利益は消耗品で稼いでいた。他方、エコタンクは本体価格が高めに設定されており、値崩れも少なかった。その後は事業部の中でエコタンクの比重が高まり、利益率の向上に貢献するようになった。

筆者らは1986年に、「異質なもの（新しいもの）が全体の何パーセントになれば、本体（従来のもの）にプラスの影響を与えられるか」を研究していた。[*9] 当時の結論は、全体の25％（クォーター）程度の規模になれば、異質なものは本体に同質化されることなく、逆に本体にも影響を与えられるということであった。東証1部上場企業を対象に行った調査では、企業変革が起きるためには、異質な事業や人が25％は必要と回答した企業の割合が多かった（図表4-3参照）。なお人に関しては、

図表4-3
### 異質なものが全体の何%になれば企業変革が起きるか

（単位：%）

| 異質なものの比率 | 売上高 | 人 |
|---|---|---|
| 50%が必要 | 5.0 | 10.2 |
| 30%が必要 | 19.5 | 16.9 |
| 25%が必要 | 29.5 | 23.1 |
| 20%が必要 | 20.0 | 12.9 |
| 10%が必要 | 9.5 | 4.9 |
| 量ではなく質が問題である | 16.4 | 32.0 |
| 回答企業数 | 220 | 225 |

注1：調査対象：東証1部上場企業542社に送付し、回答数237社
注2：表の見方：異質な新事業の場合、その売上げが全社の50%になれば企業変革が起きると考えている企業が、220社のうち5.0%あるという意味。

出所：三菱総合研究所経営計画研究室（1985）を一部修正

25%という量よりも質が問題であるという回答がいちばん多かった。

25%未満のときに新事業を本体と統合すると、異質なものの良さが本体に同質化されて薄まり、結果的に企業を変える推進力にならない。25%という臨界値（閾値）が企業を変革させるポイントであることから、これを「クォーター・マネジメント」と呼んだ。

しかし、ブリヂストンの例で考えるなら、本体の連結売上高は4兆1100億円（2022年12月期）であり、その25%というと1兆275

億円となる。リトレッドのような新しいビジネスモデルの売上げがその額にならない限りは、本体にプラスの影響を与えられないことになる。

今日のような変化の速い環境の下では、クォーターまで待ってはいられない。クォーターに届かずとも早い時点で本体に統合し、本体にポジティブな影響を与えられるように、トップのリーダーシップやシンボリックな人事、評価尺度の変更などを併せて実施していくことが求められよう。

本書のケースでは、ぴあ、東京ガス、凸版印刷などは、新しいビジネスモデルを推進するために、会社の評価尺度も同時に改めてきた。

## 健全な社内競合とは

序章で述べたように、カニバリゼーションは、言い換えれば〝社内競合〟である。競争と組織の関係に関しては、「競争から自らを守ろうとする防衛的企業は、自己や競争相手について学習する機会を封鎖し、変化を回避するようになる」（マイルズ&スノー 1978)と言われている。無意味な競争はエネルギーを消耗させて組織を疲弊させるが、適度な競争は社内に緊張感をもたらし、組織を活性化する。カニバリゼーションは、金のなる木に安住しがちな既存のビジネスモデルの部門にも適度な緊張感と危機感を与え、組織を成長させていくことができる。

ビジネスモデルの転換は、何十年に一度の大仕事ではなく、環境の変化に合わせた不断の見直しをする必要がある。ビジネスモデルのカニバリゼーションが常に組織の中にあるような状態こそが、デュアル・ビジネスモデルを推進していける企業の必須条件になると言えよう。

**注**

＊1　倉石 俊(1989)『これがクロネコヤマトだ』ダイヤモンド社

＊2　「出版から終活インフラ事業へ。次の一手を予測し新規事業を創出し続ける」『Ambition』ニューズピックス、第2号、2023

＊3　嶋口充輝(1984)『戦略的マーケティングの論理』誠文堂新光社

＊4　ショートケース研究会(1991)「モノカルチャー企業の新事業展開」『ダイヤモンド・ハーバード・ビジネス・レビュー』Dec-Jan..pp.104-113 に関連する記述がある。

＊5 杉田浩章（２０１７）『リクルートのすごい構〝創〟力』日本経済新聞出版社

＊6 谷 敏行（２０２１）『Amazon Mechanism』日経ＢＰ社

＊7 Lucas H. and Goh J.M. (2009) Disruptive Technology : How Kodak missed the digital photography revolution, *Journal of Strategic Information Systems,* No.18, pp.46-55 を参照。

＊8 山田英夫（２０２２）「丸井の新しいビジネスモデル「売らない店」は、なぜ売れているのか」『ダイヤモンド・オンライン』２０２２年３月18日 https://diamond.jp/articles/-/299443

＊9 三菱総合研究所経営計画研究室（１９８６）『クォーター・マネジメント』講談社

# おわりに

ビジネスモデルのカニバリゼーションが多くの日本の大企業で問題になっているのを見て、「どうすれば、それを乗り越えられるか」についての研究を始めた。カニバリゼーションに関するこれまでの知見を調べ、当初は、いかにしてカニバリゼーションを避けられたのか、どうやってカニバリゼーションを克服できたかに焦点を当てて、日本企業の事例を調べていた。

しかし事例研究を重ねていく過程で、カニバリゼーションは避ければよいものではなく、企業の長期的な発展のためには、むしろ積極的に社内にカニバリゼーションを起こし、それを乗り越えていくことのほうが重要であるとの結論に至った。

本書の事例では、リクルートやぴあなどでは、トップ・マネジメントが先頭に立ってカニバリゼーションを起こし、その他の企業でも、既存事業と新事業との間に生じたカニバリゼーションから、トップ・マネジメントが逃げていない姿が見えてきた。

アマゾン、ネットフリックス、アドビ等、新しいビジネスモデルを生み出して成長してきた海外の企業でも、トップダウンで社内にあえてカニバリゼーションを引き起こし、それを原動力として企業を成長させてきた姿が明らかになった。

成熟業界に位置する大企業では、新しいビジネスモデルを探求しようとすると、社内の既存事業とのカニバリゼーションが起こる可能性が高い。逆に、既存事業と何ら関係ない新事業、新ビジネスモデルを追う非関連多角化を繰り返していては、シナジーが効かず、企業の利益率は高まらないとも言える。

社内でカニバリゼーションを叫び、新事業を潰すことができれば、既存の事業部門としては当面安泰である。しかし、そうやって生き延びた既存事業ばかりになってしまうと、既存事業のライフサイクルが衰退期に入ると同時に企業も衰退してしまい、倒産・解体に追い込まれてしまう。すなわち、既存事業の擁護者にとっては、カニバリを起こしそうな新事業を潰すことには成功しても、長期的には会社を潰す結果になるのである。

「事業を潰すか、会社を潰すか」――これこそが、カニバリゼーションに直面する企業が本質的に抱えている課題なのである。

＊＊＊

カニバリゼーションに関する企業の情報は、公表資料にはめったに出てこない。社内抗争を外部には知られたくないし、公表する必要もないからである。そこで本書では、新しいビジネスモデルを構築する過程でカニバリゼーションに直面したのではと思われる企業を選び、その現実を調査、取材することから始めた。

本書は、そうした企業へのインタビューなしには完成し得なかった。事例研究として取り上げた7社には、すべてインタビューに応じていただいた。今回のテーマが、社内的な対立も絡むセンシティブな問題であることから、お名前のご紹介は控えるが、インタビューに応じてくださった方々、サポートしていただいた広報の方々に、あらためて感謝を申し上げたい。

本書の執筆過程において、同志社大学の冨田健司さんには草稿を読んでいただき、鋭いコメントを頂戴した。かつて職場を共にした内田和成さん、水島温夫さんには、仮説構築のためのディスカッションに付き合っていただいた。また牟田陽子さんには、文献レビューから校閲まで、多大な支援をしてもらった。

さらに、コンセプトの提示から校了まで、長い間伴走していただいたダイヤモンド社書籍編集局の木山政行さん、情報検索や原稿整理でいつも特急のお願いをしてきた秋山直子さん、佐藤由里さんには大変お世話になった。有難うございました。

本書が、カニバリゼーションに悩む新事業開発の推進者、またカニバリゼーションを恐れる既存事業の担当者・責任者の双方に、わずかでもヒントになれば望外の幸せです。

山田　英夫

2023年5月

## 参考文献


- Afuah, A. and Tucci, C.L.（2003）. *Internet Business Models and Strategies: Text and Cases.* McGraw-Hill.
- Afuah, A.(2004). *Business Models: A Strategic Management Approach.* McGraw-Hill.
- Afuah A.(2018) *Business Model Innovation: Concepts, Analysis, and cases, Second Edition,* Routledge
- Anthony S. D.（2011）, Combating Cannibalization Concerns, *Harvard Business Review,* Feb.18, https://hbr.org/2011/02/combating-cannibalization-conc.
- 浅井小弥太（1997）「製品ライン戦略とカニバリズム」『産業と経済』（奈良産業大学）第11巻、第3号、pp.57-71
- Bowers J. and Christensen C. (1995), Disruptive Technologies: Catching the Wave, *Harvard Business Review,* Jan.-Feb. pp.43-53（ハーバード・ビジネス・レビュー編集部訳（2009）「破壊的技術」『DIAMONDハーバード・ビジネス・レビュー』6月号、pp.64-68）
- Chandy R.K. and Tellis G.J. (1998), Organizing for Radical Product Innovation: The Overlooked Role of Willingness to Cannibalize, *Journal of Marketing Research,* Nov., Vol. 35, No.4, pp.474-487
- Christensen C. M. (1997) *The Innovator's Dilemma* Harvard Business School Press（伊豆原了訳（2000）『イノベーションのジレンマ』翔泳社）
- Christensen C. M.and Raynor M. E.. (2003) *The Innovator's Solution,* Harvard Business School Press（桜井裕子訳（2003）『イノベーションへの解』翔泳社）
- Conner K. R. (1988) Strategies for Product Cannibalism, *Strategic Management Journal,* Vol. 9, pp.9-26
- Copulsky W. (1976), Cannibalism in the Marketplace, *Journal of Marketing,* Vol.40, No.4, pp.103-105.
- Duncan R. (1976), The Ambidextrous organization and Exploration through Structural Design. in Kilmann R. and Pendy L. (eds), *The Management of Organization Design,* pp.167-188, North Holland
- Drucker P.F.（1974）*Management:Tasks,Responsibilites,Practices,* Harper & Row（上田惇生訳（2001）『マネジメント　エッセンシャル版』ダイヤモンド社）
- Festinger L. (1957) *A Theory of Cognitive Dissonance,* Row Peterson（末永俊郎監訳（1965）『認知的不協和の理論』誠信書房）
- Foster R. N. (1986), *Innovation: The Attacker's Advantage,* Summit Books（大前研一訳（1987）『イノベーションー限界突破の経営戦略』TBSブリタニカ）
- Ghose A., Smith M. D. and Telang R. (2006), Internet Exchanges for Used Books – An Empirical Analysis of Product Cannibalization and Welfare Impact, *Information Systems Research,* Vol.17, No.1, pp.3-19
- Herhausen D., Bindet J., Schoegel M. and Herrmann A.（2015）, Integrating Bricks with Clicks: Retailer-Level and Channel-Level Outcomes of Online–Offline Channel Integration,

*Journal of Retailing,* Vol.91, No.2, pp.309-325

- Heskett J. (1976) *Marketing* Macmillan
- 伊藤友章（2012）「市場志向とイノベーションとの関係を巡る問題」「経営論集」（北海学園大学）第10巻、第2号、pp.33-59
- Kerin R. A., Harvey M. G. and Rothe J. T. (1978) Cannibalism and New Product Development, *Business Horizon,* October, pp.25-31
- Levitt T. (1960) Marketing Myopia, *Harvard Business Review,* July-Aug. pp.45-56（土岐 坤訳（1982）「マーケティング近視眼」『ダイヤモンド・ハーバード・ビジネス』 Mar.-Apr. pp.11-29）
- March J. G. (1991), Exploration and Exploitation in Organizational Learning, *Organization Science,* Vol.2, No.1, pp.71-87
- Markides C. and Charitou C. D. (2004), Competing with Dual Business Models: A Contingency Approach, *Academy of Management Executive,* Vol.18, No.3, pp.22-36
- Mason C. H. and Milne G. R. (1994) An Approach for Identifying Cannibalization within Product Line Extensions and Multi-Brand Strategies, *Journal of Business Research,* No.31, pp.163-170
- Miles R. E. and Snow C. C. (1978),*Organizational Strategy, and Process,* MacGrow-Hill（土屋守章・内野　崇・中野　工訳（1983）『戦略型経営』ダイヤモンド社）
- Nijssen E. Hillebrand J., B. and Vermeulen P. A. M. (2005) Unraveling to Willingness to Cannibalize: A Closer Look at the Barrier of Radical Innovation, *Technovation,* Vol.25, No.12, pp.1400-1406
- O'Reilly Ⅲ, C. A. and Tushman M L. (2004) The Ambidextrous Organization, *Harvard Business Review,* April pp.74-81（酒井泰介訳（2004）「双面型組織の構築」『Diamond ハーバード・ビジネス・レビュー』12月号、pp.22-31）
- O'Reilly Ⅲ, C. A. and Tushman M L. (2016) *Lead and Disrupt: How to Solve the Innovator's Dilemma*（渡部典子訳（2019）『両利きの経営』東洋経済新報社）
- Prasad J. (1950) A Comparative Study of Rumors and Reports in Earthquakes, *British Journal of Psychology,* No.41, pp.129-144
- Scherer F. M. (1992), *International High-Technology Competition,* Harvard University Press
- 柴田健一・立本博文（2017）「カニバリゼーションを原因とした同質化の遅れ：日本のビール業界における新製品発売の実証研究」『組織科学』第50巻、第3号 pp.45-56
- 柴田友厚（2008）「技術選択のジレンマのマネジメント」『一橋ビジネスレビュー』Win. pp.180-191
- 柴田友厚（2012）「技術転換に向けた状況適合的並行開発戦略」『組織科学』第46巻、第2号、pp.53-63
- 柴田友厚（2022）「競争と探索、比重見極めよ」『日本経済新聞　経済教室』2022年6月

1日

- 柴田友厚・児玉 充・鈴木 潤（2017）「二刀流組織からみた富士フイルムの企業変貌プロセス」『赤門マネジメント・レビュー』第16巻、第1号、pp.1-21
- Shibata T., Baba T. and Suzuki J. (2021) "Managing Exploration Persistency in Ambidextrous Organizations: Case of Fujifilm and Kodak" *R&D Management,* Vol.52, Issue 1, pp.22-37
- Tushman M. L. and O'Reilly Ⅲ C. A. (1996), Ambidextrous Organizations: Managing Evolutionary and Revolutionary Charger, *California Management Review,* Vol.38, No.4, pp.8-30
- Velu C. and Stiles P. (2013) Managing Decision Making and Cannibalization for Parallel Business Models, *Long Range Planning,* Vol.46, No.6, pp.443-458
- Winterhalter S., Zeschky M. B. and Gassmann O. (2016) Managing Dual Business Models in Emerging Markets: An Ambidexterity Perspective, *R&D Management,* Vol.46, No.3, pp.464-479
- Wang J. and Habibulla H. (2021) The Conflict between Existing and New Business Models: The effect of Resource Redeployment on Incumbent Performance, *R&D Management,* Vol.51, No.5, pp.494-512
- 山田英夫（2008）『デファクト・スタンダードの競争戦略　第2版』白桃書房
- 山田英夫（2014）『異業種に学ぶビジネスモデル』日本経済新聞出版社 .
- 山田英夫（2017）『成功企業に潜むビジネスモデルのルール』ダイヤモンド社
- 山田英夫（2020）『逆転の競争戦略 第5版』生産性出版
- 山田英夫（2021）『競争しない競争戦略 改訂版』日本経済新聞出版社
- 山田英夫・手嶋友希（2019）『本業転換』KADOKAWA
- 米谷雅之（1999）「製品戦略としての製品多様化」『山口経済学雑誌』第47巻、第5号、pp.29-62

## 企業名索引

［著者］
**山田英夫**（やまだ・ひでお）
早稲田大学ビジネススクール教授。1955年東京都生まれ。慶應義塾大学大学院経営管理研究科（MBA）修了後、三菱総合研究所入社。大企業のコンサルティングに従事。1989年早稲田大学に移籍。専門は競争戦略、ビジネスモデル。博士(学術、早稲田大学)。ふくおかフィナンシャルグループ社外取締役、サントリーホールディングス社外監査役。
著書に『デファクト・スタンダードの競争戦略：第２版』（白桃書房）、『逆転の競争戦略：第５版』(生産性出版)、『異業種に学ぶビジネスモデル』『競争しない競争戦略　改訂版』『ビジネス版 悪魔の辞典』（いずれも日本経済新聞出版）、『成功企業に潜むビジネスモデルのルール』（ダイヤモンド社）ほか多数。

カニバリゼーション
――企業の運命を決める「事業の共食い」への9つの対処法

2023年６月27日　第１刷発行

著　者――山田英夫
発行所――ダイヤモンド社
〒150-8409　東京都渋谷区神宮前6-12-17
https://www.diamond.co.jp/
電話／03･5778･7233（編集）　03･5778･7240（販売）
装丁――――上坊菜々子
本文デザイン･DTP――中西成嘉
製作進行――ダイヤモンド・グラフィック社
印刷――――加藤文明社
製本――――ブックアート
編集担当――木山政行


ISBN 978-4-478-11706-4